天地大儒
王船山

王立新 著

岳麓書社·长沙

王船山先生遗像

湘西草堂

序　言

王船山先生，名夫之，字而农，号姜斋，中岁自称“一瓠道人”。生于明朝万历四十七年，也就是公元 1619 年，卒在清康熙三十一年，也就是公元 1692 年。湖南衡阳人。

王船山先生是中国历史上最广博的学者和最伟大的思想家之一。

船山先生生逢明清鼎革之际，为了恢复明朝江山而奔走呼号，并且聚集义兵，在衡阳起义，亲自参加战斗。失败后投靠南明政权，又因坚守正义而受到排挤和打压。离开南明政权以后，受到诸种政治势力的追捕和通缉，备遭艰辛磨难，一生濒死数十次，都侥幸捡回了性命。时而奔窜于荒山野岭之间，时而隐身于瑶族百姓群中，还经常寄宿僧寺，甚至藏身麋鹿洞中。他经历了世间所不曾有的苦难，但却始终坚守民族大义，不为外在压力所屈服。他以“六经责我开生面，七尺从天乞活埋”的精神和信念，在极其艰难险恶的环境中，始终坚持读书、坚持著述，从未懈怠，从没放弃，收获了人世间难以想象的伟大成就。他的著述逾千万，囊括哲学、历史、文学、艺术、宗教、政治、文字学等领域。字字翡翠，句句珠玑，发前古未发之妙论，惊世骇俗；留后世仅存之绝响，感天动地！

人谁不生？但活着能坚守正道，坚定操守，始终不渝，贫贱不能移，富贵不能淫，威武不能屈，如船山一样，才是真正的大丈夫！

人谁不死？但身后能留下导人向善、引人归正、发人深省、促人奋进的不朽文字，像船山这样，才是真正的丰碑永存！

俄罗斯诗神普希金在评价俄罗斯的“科学之父”和“文学史上的彼得大帝”罗蒙诺索夫时说：“罗蒙诺索夫本人，就是俄罗斯的第一所大学！”王船山先生在中国历史上的地位和作用，尤其是影响的深远程度，远远超过了罗蒙诺索夫对俄罗斯的影响，而且比罗蒙诺索夫更具有世界性的意义。他对人性的X光一般的透视，对历史的洞若观火的彻察等，都有着永恒不灭的历史价值，并不是中国一个民族自己所能容纳，也不是一个民族所应仅仅据为己有的人类共同的精神财富。

尽管船山先生在有生之年深为自己的思想和精神缺乏继承人而担忧，但是，只要地球不灭，上天还不想绝灭这份由孔子开创的儒家精神资源，那么总会有后起的贤达，继续船山伟大而崇高的事业！船山精神的伟大力量，必将永远鼓舞后来的有志者振起而为，奋发精进。

船山，是我们民族永远不会冷却的激情，也是我们祖国永远不会褪色的光荣！

船山精神定会千秋万代，永垂不朽！

是为序。

目　录

导　引

——诸贤眼目中的王船山

在中国明末清初的时代，有个人曾经以他悲苦无比又坚忍不拔的生命，感染和感召了他身后的无数中国人。这个人又曾以他深邃而又犹如利剑和闪电般的思想，启迪、激发、警醒和教育了无数的中国近现代精英，对推动中国近现代历史的进程起到了不可估量的重要作用。这个人被大家尊称为船山先生。

为什么这么多人那样看好他，崇敬他，并去钻研他，又这么用力去弘扬他？他究竟有什么过人之处，我们先看一下先贤们对他的看法。

我首先给大家说说曾国藩对船山先生的看法。

曾国藩（1811—1872），字涤生，湖南湘乡人。曾国藩以一介书生之力，创立了湘军，并且带着这支队伍，打败了当时不可一世、差一点就把整个清朝统治推翻掉了的太平天国，把太平天国的武装彻底击溃了。曾国藩一生沉浸在儒家思想里，他把儒家的经世致用的思想学到了骨子里，活学在生命中，落实在行动上，于是才取得了这样巨大的事功成就。曾国藩极其看重王船山，他把王船山跟世俗社会中的很多人对待生命的态度做过一个对比。他说世俗社会里的很多人，为了能够苟且偷生，不受到伤害和冲击，努力委曲求全。尽管他们做到了这一点，但是就在委曲求全和苟且偷生的整个过程中，却把自己生命中本有的，受之于天的刚直的元气，都消磨尽了。尽管这些人在现实的社会中没有遭罪，没有受苦，但却没有活出精神，也没有活出成就，甚至连个性都没有活出来，简直就是白活了一回。相比之下，王船山先生就不一样。曾国藩对王船山先生的评价是这样的：他说王船山“硕德贞隐”。“硕德”就是大德。“贞”，就是坚定不移。“隐”，就是王船山处在那个不能展现自己的理想和才华的时代里，却坚忍不拔地暗地里坚守着自己的信念和理想，等待时机，或者等待世人理解了他的思想以后，再爆发为社会的行动，重新展现出孔孟所开发出来的儒家的真精神。这也可以叫潜龙勿用。曾国藩评价王船山先生，始终保持天生贤者的“刚直之性”。曾国藩这样说王船山：“寸衷之所执，万夫非之而不可动，三光晦、五岳震而不可夺。”“寸衷”就是指心里面，“寸衷之所执”，就是心中坚守的那种价值理想和价值信念。“万夫非之而不可动”，就是天下人都反对，他却绝对不会动摇，更不会放弃。莫说天下人反对，就是“三光晦”和“五岳震”了，也夺不走王船山心中的理想和信念。什么叫“三光晦”和“五岳震”呢？“三光”是指日、月、星，“三光晦”，就是日、月、星都不发光了。“五岳”就是指中国的五座有代表性的文化名山，东岳泰山、西岳华山、南岳衡山、北岳恒山、中岳嵩山。“五岳震”，就是这五座山峰都崩溃了。就算是日、月、星都不发光，五岳也都彻底崩掉了，也夺不走王船山理想中的坚守。王船山就是这样的一个人。

曾国藩一生喜读王船山的书，即便在官位很高、公务极其繁忙的情况下。

同治元年（1862），曾国藩身任两江总督、协办大学士，正在与太平军进行最后的艰苦鏖战。即便在这样紧张的情况下，他依然在读王船山的书。1864 年（同治三年）7 月 19 日，曾国藩率领的湘军，攻陷了太平天国的都城天京，就是今天的南京。平定了太平天国，曾国藩被加封太子太保，一等侯爵。清朝在吴三桂等的“三藩之乱”以后，对汉人高度警觉，就没再封汉人这么高的爵禄，打那儿以后，最高的一个爵禄，被曾国藩拿到了，因为他给清朝立下的功劳太大了。紧接着又把他改为直隶总督，受命清剿捻军。在那期间，曾国藩的政务和军务都太繁忙了，但是他却仍然没有停止阅读船山的著作。

我们从现存的一部分曾国藩的日记中可以看出，从同治元年开始，一直到同治九年（1870），记录了曾国藩某年某月某日，阅读了王船山的某种著作。曾国藩不仅自己阅读船山的著作，他还指令自己的弟弟曾国荃，于同治四年（1865）冬天，把搜集起来的船山著作刊刻出来，这就是《船山遗书》，是相当一段时间里，流行最广的船山印刷后的著作。有了这种印刷的著作，曾国藩读起船山的《遗书》就更方便，更容易了。曾国藩对于《船山遗书》，几乎达到了手不释卷的程度。现存的曾国藩部分日记显示，仅同治五年（1866），曾国藩几乎每天都在读船山的著作。某月某日在读船山的《读通鉴论》，某月某日在读船山的《四书训义》，某月某日在读船山的《礼记章句》等等。从这份日记的记录来看，曾国藩似乎要彻底放弃高官大爵，而要改当船山学研究的专门学者了一样。直到同治九年（1870），曾国藩仍在阅读《船山遗书》，曾国藩病逝在同治十一年（1872）三月。也就是说，至少在过世前两年，他一直都还在认真研读王船山的著作。

曾国藩虽然再造清室、功高无比，但是他深知面对王船山，自己还很渺小，很无知，必须不断地去船山的思想中吸取营养，学习智慧。所以，他才那般如饥似渴、坚持不懈地阅读船山的著作。

不仅曾国藩，其他很多贤哲也都异常看重船山和他的著作。

郭嵩焘（1818—1891），字伯琛，号筠仙，湖南湘阴人。曾经担任清朝广东巡抚、礼部左侍郎、兵部左侍郎，是中国第一位驻外公使，奉命处理英、法外交和经贸等事宜。

郭嵩焘不仅深入细致地研读船山著作，还极尽对于船山的推崇。他曾在湖南岳麓书院内营造“船山祠”，纪念船山，并带领诸生在祠内讲说船山学问。上奏清廷，欲令船山从祀孔庙。郭嵩焘跟曾国藩一样，也是每天都在读《船山遗书》，他对船山的思想和精神极尽推崇，还用自己对船山的情感感染岳麓诸生，为船山思想在家乡的传播做出了不小的贡献。十五六年以前，我曾经在一篇文字里说郭嵩焘是船山的隔世知音，现在我还是这样认为。

船山另外一个更加深挚的隔世知音，是谭嗣同。

谭嗣同（1865—1898），字复生，号壮飞，湖南浏阳人。谭嗣同对船山的理解和推尊，更在郭嵩焘之上。谭嗣同声言：“五百年来，真通天人之故者，船山一人而已。”就是说从他的那个时代往前算500年，就是1300年到他生活的那个时代，即宋代以后，船山是唯一一个还能通晓并且真正通晓天和人之间的关系的人。

生活在今天的人们，已经不太知道，懂得天人关系究竟有什么意义了。

中国文化是建基在天人关系的基础之上的，探寻天和人之间关系的奥秘，正是中国文化的要义所在。天人关系，是中国思想，也是中国文化所以能够博大精深的最根本的源泉所在。“问渠那得清如许，为有源头活水来。”天人关系，既是中国思想和中国文化的源头所在，也是中国思想和中国文化的成就所存和皈依所指。没有对天人关系的深刻把握，就不可能在更深的意义上了解中国的文化、中国的历史和中国的思想。把王船山当成五百年来唯一一个真正精通天人关系的圣贤，这样的评价，已经到了至高无上、无与伦比的境地。

谭嗣同不仅对船山有深刻的认识，他自己推尊船山的同时，也严重地影响了自己的朋友，其中最有代表性的就是梁启超。

梁启超（1873—1929），字卓如，号任公，广东新会人。由于谭嗣同的推荐，梁启超认识了王船山。起初梁启超看不懂船山的著作，谭嗣同教他读。在谭嗣同的帮助和引读之下，梁启超后来进入到船山的思想和境界当中，对船山的思想有了属于自己的独到理解。梁启超说：“浏阳谭氏谓五百年来学者，真能通天人之故者，船山一人，非过言也。《读通鉴论》《宋论》两编，史识卓绝千古，其价值至今日乃大显，无俟重赘。抑《黄书》亦《明夷待访录》之亚也，其主张国民平等之势力，以裁抑专制，三致意焉。……”

梁启超认定船山先生的“史识卓绝千古”，跟郭嵩焘“读船山《通鉴论》，历代史论可以废”的评价约略相当。

梁启超还提到近世的一些重要历史人物受到船山影响的情况：“近世的曾文正、胡文忠都受他的熏陶，最近的谭嗣同、黄兴亦都受他的影响。清末民初之际，知识阶级没有不知道王船山的人，并且有许多青年，作很热心的研究，亦可谓潜德幽光，久而愈昌了。”胡文忠就是胡林翼，黄兴是孙中山的革命军总司令。梁启超说清末民初时期的知识分子，都以知道和了解船山为荣耀，当时学习船山的思想，在知识界是一件“时髦”的事情，要是不知道王船山这个人和他的一些思想，那是一件很丢人的事情，而且也没有办法跟社会的知识精英和社会的贤达相交往，人家瞧不起你，说你没涵养，说你没深度，说你没品位。

还有一个人，对船山思想的研究与传播，做出过重要的贡献，这个人叫刘人熙。

刘人熙（1844—1919），字艮生，号蔚庐，湖南浏阳人。1907 年任湖南教育总会会长，武昌起义之后，担任湖南民政司长，反对袁世凯复辟，出任湖南督军兼省长。刘人熙一生致力于船山学术思想的研究与传播，有功于湖南和华夏民族。他主政湖南期间，1914 年组织成立船山学社，自任社长。说起这件事情，我自己都感觉荣耀，因为我在湖南工作期间，就曾担任过船山学社的副社长。借着这堂课的机缘，谨向我们船山学社的创社社长刘人熙先生表达由衷的感激和怀念。刘人熙先生还于 1915 年创办了《船山学刊》，为船山思想的研究和传播，做出了不可磨灭的历史性贡献。刘人熙是一位身跨军界、政界、知识界和教育界的人物。他曾作诗赞美船山说：“衡阳王子真天人，遗书万卷妙入神。自诡五百生名世，可有三千步后尘。”希望船山出神入化的思想，可以起到移风易俗的作用。他同时也希望，会有更多的后起贤达追随船山先生的脚步，把拯救中国、教育中国和改造中国的伟大使命担当起来。

当时喜欢船山和船山思想的各界名人还有很多，比如章太炎、蔡锷、胡汉民、陈独秀等。

我再举两个受船山影响的例子，让大家一起来了解一下。一个是孙总统中山先生，一个是毛泽东主席。

孙中山（1866—1925），字载之，号日新，又号逸仙。孙中山也读王船山，他喜欢王船山的民族主义思想，跟他三民主义的革命目标和宗旨相一致。他说王船山、黄宗羲、顾炎武等人："严春秋夷夏之防，抱冠带沉沦之隐，孤军一旅，修戈矛于同仇；下笔千言，传楮墨于来世。……义声激越，流播人间。"孙中山表扬船山思想中的强烈的民族主义意识，说这种民族主义的精神，是推动中国近代反清革命的重要思想武器。

再看毛泽东的说法。

毛泽东（1893—1976），字润之，湖南湘潭人。早年在长沙求学期间，被老师杨昌济带到船山学社里面去，经常参加船山学社活动。在船山学社听老师杨昌济等教授讲述船山思想，受到船山思想的重要影响。毛泽东在自己的一本叫作《讲堂录》的听课笔记本中记录船山的话语："有豪杰而不圣贤者，未有圣贤而不豪杰者也。"

这句话的意思就是，世界上有很多豪杰，都很厉害，都很不得了，但是他们不是圣贤，跟圣贤还有很遥远的距离。豪杰要想成为圣人，还得经过甚至脱胎换骨的改造。但是圣贤却都是豪杰，圣贤要想成就豪杰的事功业绩，那不过是易如反掌的事情。

在这句话的下面，毛泽东写下了自己对这句话的理解和发挥：“圣贤，德业俱全者；豪杰，歉于品德，而有大功大名者。拿翁，豪杰也，而非圣贤。”就是说圣贤道德水平极高，道德境界完美，事功成就也一样不同凡响，现实的功绩很大。这两项都很齐备了，那才是圣贤。豪杰却只有较大的事功成就，但在道德上是有欠缺的。但这里的“歉”是不能简单地被等同于“缺”的。道德上有所不足，有所亏欠，不能简单地被说成是“缺德”。真正“缺德”的人，也成不了豪杰。

毛泽东还举了个实际的证据，说拿破仑作为历史人物，虽然有震撼当时世界的事功成就，但他在道德上还是有欠缺的，所以他只是个豪杰，而不是真正的圣贤。至于拿破仑具体在什么地方表现出了道德修养水平和修养境界的欠缺，毛泽东没有继续论说。

上面所引的毛泽东《讲堂录》中的这句话语，虽然表明了毛泽东对船山思想的一定理解，但也流露出毛泽东并不真知道这句话的出处。因为这句话不是船山的原创，原创人是南宋的大儒朱熹。大约杨昌济先生也不知道这个事实。当然，这是另外的话题，我们不在这里展开论说。

毛泽东对这句话的理解，应该说基本是无误的。由此看来，毛泽东也曾受到船山思想的重要影响。王船山的思想，也是催生毛泽东救国救民理想、激发他确立改造世界宏伟远志的重大的精神力量源泉之一。

那么王船山这个人到底经历了怎样的人生，他又留下了哪些深邃的思想，让这么多中国近现代历史上的重量级的军界、政界、思想界、文化界、教育界的杰出人物，都如此热烈追捧他和崇拜他，认真不懈、细致入微地去研读他，以懂得他为自豪和快乐，同时又能从中获取必要的营养呢？有关这个话题，我会在向后的若干篇章中，慢慢地把相关的内容奉献给大家。

第一章　平静的童年

一、闷热的秋天

船山（1619—1692）姓王氏，名夫之，字而农，号姜斋。按照其子王敔在《大行府君行述》中的说法，“船山”称谓的来历，是因为晚年卜居湘江西畔、蒸水东岸石船山附近的湘西草堂，偶或有前来求学问字的乡里士人，尊称为“船山先生”。王船山一生叫过很多名字，曾经为了躲避清兵追捕，混迹瑶族民众中，取过瑶族人的名字。中年时又曾自称“一瓠道人”，更名王壶，晚年隐居石船山附近的湘西草堂时，还回旧名，仍称王夫之。

万历四十七年（1619）九月初一日子时，船山生于湖南省衡阳县。就在船山出生的当年三月，明朝兵部侍郎兼右佥都御史辽东经略持尚方剑杨镐兵败萨尔浒，损兵近五万，亡失马驼、器甲无数。后金主努尔哈赤遂乘胜攻克开原、铁岭等，灭叶赫，至此，海西女真扈伦四部俱亡于努尔哈赤。锦州以东地区尽是女真族属后金政权。而明朝境内也是四处造反，遍地烽烟。万历皇帝依然不理朝政，只顾在后宫玩乐。

船山出生时，父亲已经五十岁，母亲也已经四十三岁。

作为人类思想史上最杰出、最重要的思想家，王船山先生，曾经在这个世界上行走、留驻了74年。但这74年的人生，对于他来讲，既是一场苦难，又是一次磨炼。一个磨难夹着另一个磨难，一个苦难接着另一个苦难。如果站在今天以享受为主调的角度来看船山，他从来就没享受过人生。中国人对于逝者，总是习惯于使用“享年”多少来表达。但是船山先生的一生，不是享受人生，而是跟着时代受罪，跟着环境倒霉。所以，我不想用“享年”来表达船山的寿命，而只是用“活了”七十四岁来如实书写。

王船山的一生是充满苦难的一生，在苦难中出生，在苦难中成长，在苦难中煎熬，在苦难中奋斗。苦难彻底打破了王船山通过科举谋求做官的个人理想之梦，也彻底击碎了王船山通过现实参与拯救灭亡国家的梦想，但苦难却作为人生的导师，引领王船山走向一条以文化的拯救曲折实现对现实拯救的道路。在这条拯救文化的道路上，王船山越走越远，越走越深。这条越来越远、越来越深的以思想的不断宏阔远大、不断深细入微为标志的人生道路，却成就了王船山“六经责我开生面”的彩虹般的梦想。

王船山坚忍不拔，奋斗不息，把苦难当成锻造自己的利器，把自己的生命锻造成了波澜壮阔、光辉灿烂的美丽彩虹。船山先生不仅思想精湛难及，单是他那悲苦无比而又坚韧不屈的人生过程，就是一部感天动地的悲怆乐章，就是一首激昂慷慨的宏伟史诗。

二、船山家世

船山一家在元代以前的情况，连船山自己也说不清楚。中国汉族王姓主要有两大系，一系是山东的琅琊王氏，称为“琅琊王”；一系是山西的太原王氏，称为“太原王”。两个王氏在魏晋南北朝时期，分别是江南、江北的大族望姓。尤其是江南的琅琊王，人才辈出，成了江南最亮丽的一道人文风景。所谓“旧时王谢堂前燕，飞入寻常百姓家”，就是指这个王氏。而船山先生这一系，实出于太原王氏，来衡阳以前，住在江苏省扬州市的高邮县。船山的十一世祖名叫王仲，跟随明太祖朱元璋打天下，因为军功被授予千户。十世祖王成，因为推戴明成祖朱棣有功，升任衡州卫指挥同知。这是个副三品的武官，大约和今天的省军区副司令员差不多。王氏就此搬到衡阳，成了衡阳人。

船山的先世本来是武将出身，后来改武从文。据船山自己说，王氏崇文尚儒，是从六世祖王震开始。

王震本来是位将军，但却“笃志经术儒学”。当时有一位理学家名叫庄昶，学者尊称为定山先生，是大思想家陈白沙的同道挚友，儒学造诣很深。明宪宗朱见深成化年间（十五世纪下半叶），庄定山因为劝谏宪宗皇帝张灯浪费被贬，来到湖南。王震得缘向庄定山讨教身心性命等儒学问题。王震不仅自己跟庄定山问学，还让儿子王翰跟从庄定山学习儒学。王翰的儿子叫作王雍，就是船山的曾祖父，参加过明穆宗隆庆四年（1570）的乡试。科举没有考中，回到家乡，做了衡州州学的训导。后来又改做江西南城的教谕，就是负责督导学生学习的地方小官。

船山在《家世节录》中说他的曾祖父王雍，曾经用心于经典和历史，有过补充朱熹《资治通鉴纲目》的设想。船山小时候，还在父亲的书柜里见到过曾祖父“论留侯用四皓争太子，非大臣礼”之类的文字。就是批评汉初的张良，利用四皓（据说是刘邦时代隐居在山林里的四位白发高人）来糊弄刘邦，以帮助吕后巩固太子刘盈的地位。刘盈就是后来的汉惠帝。王雍说，张良的这种做法，违背了大臣之道。

曾祖父对历史的评判，引发了船山最初的历史热情。船山后来对历史的极大兴趣，可能跟童年时期的这段经历有很大关系。大约是通过父亲，船山受到了来自曾祖父的影响。

船山的祖父王惟恭，字少峰，也是读书人，继续用儒学教育子弟。船山父亲兄弟三人，王朝聘是老大，另外两位就是船山的二叔王廷聘和小叔王家聘。船山祖父敦促子侄为学，三个儿子从小就接受了儒学教育。船山父亲最杰出，二叔则喜欢庄子，船山后来对庄子体会很深，评价极高，看来多少受了些二叔的影响。

三、王朝聘其人

船山先生的父亲王朝聘，字修侯，精通《诗经》和“春秋学”。

所谓“春秋学”，就是专门研究儒家经典《春秋》的学问。《春秋》本来是记载春秋时期鲁国历史的，后来经过孔子的亲自修改，添加了很多善恶、是非的评价。孔子用精慎的言词，表达自己对《春秋》中所记载的人和事的评价，揭示历史的真正意义，以昭告世人。这些隐含在用语和用词中的孔子的真正用心，被后世称作“春秋大义”。“春秋学”就是研究孔子的简单明了的说法中，究竟蕴含了怎样深刻意义的学问，也就是不断发掘孔子的“微言大义”的学问。

船山自幼跟从父兄学习“春秋学”，有关《春秋》的学问，构成了船山历史哲学的重要基础。如果没有对“春秋学”的把握，船山历史哲学思想的深刻与精湛，就会因为缺少必要的基础而难以期待。

王朝聘除了在《诗经》和“春秋学”方面有深刻和独到的造诣之外，还有杰出的辩论才能。据船山回忆，他曾与被称为明代佛门四大龙象之一的憨山大师有过一场论辩，力挫憨山大师的机锋，把憨山德清辩得哑口无言。憨山德清（1546—1623），是明代佛门中的骄子，出于禅门临济宗一系，其人思维敏捷，口齿伶俐，能够迅速抓住对方言语中的疏漏，予以有效的反击。这种能力，在佛教禅宗中，被称为“机锋”。船山曾经问过父亲，希望知道父亲与憨山辩论的是什么内容，以及父亲是如何力挫憨山的机锋的。但是王朝聘没有告诉船山究竟是怎样一种情形，只是一笑了之，表现了一种对世俗论辩胜负的淡然态度。

王朝聘从小跟从乡先生伍学父学习历史文化传统，后又寻访名师，得拜江西邹泗山先生。邹泗山就是邹德溥，是王阳明大弟子之一的邹守益的孙子。邹守益就是邹东廓，是王阳明思想在江右也就是江西的主要传播者和代言人。船山父亲王朝聘，实际上可以算作江右王门中人，间接受到王阳明思想的很大影响。不过后来王朝聘似乎不满于王阳明的学术，开始对王学的流弊有所反省。船山对王阳明及其后学的强烈厌恶情绪，和他父亲晚年对王阳明及其后学流弊的反省，显然有很大的关系。

其实船山的父亲一生最向往的还是朱熹，因为朱子长期在武夷山下讲学，在武夷山下体会天道，所以后世就把武夷山看成是朱子的“会心之地”。王朝聘一直想着前往游历，想亲身体会朱子当年的心境，于是自称“武夷先生”，表达了对朱熹的由衷钦佩和敬服。王朝聘以朱熹为楷模，把成为理学家作为自己人生的最高理想。

四、酒风与家教

王朝聘自己喜欢理学，于是就用理学的精神教育子弟。

船山本兄弟四人，老大是王朝聘前妻綦氏所生，三岁夭折。王朝聘后娶谭氏，生三子，长子王介之，字石子，号石崖，年长船山十三岁。次子王参之，字立之，号磬斋，大约比船山大五六岁。

船山兄弟三人从小接受理学教养，用心学习经典。从 4 岁到 7 岁，船山已跟随长兄读完了十三经。10 岁时，父亲又教他学习经义，就是解读经文的意思。14 岁时，船山被推荐到衡阳郡学里去学习，成绩特别好，连年考核都取得了优等的成绩。

船山父亲家教极严，据船山记载：“先君教两兄及夫之，以方严闻于族党。”说他父亲用孔孟之道教育三个儿子，希望他们确立远大的人生理想，走光明正大的人生道路。船山的父亲对儿子要求极其严格，远近的亲戚朋友和乡邻们都知道。

船山说自己小时候口无遮拦，经常说些过分的话语，为此，他经常受到父亲严厉的责罚。一次，船山口出狂言，王朝聘听到后，表情立刻严肃起来，不再和船山讲话。船山知道自己又说错话了，就想以问问题的方式缓解一下气氛，让父亲转移一下注意力。但是不管船山怎样努力，王朝聘就是不予理睬，弄得船山异常尴尬，已经快半个月了，还是不和船山讲一句话。直到这时，船山才真正开始反省自己，内心里确实感到自己错了，“真耻内动，流涕求改”。王朝聘知道这下船山是从心里认错了，而不是用语言来搪塞他，于是才开始正面训斥。训斥过后，一切都恢复常态，父子欢愉，如同什么事都没有发生过一样。

船山父亲教育子弟，从来不算旧账，也不把所有的罪错加在一起算总账。一笔是一笔，一笔算完，就勾销一笔，而不是说你昨天犯了个什么错误，今天又犯了个什么错误，这次我给你数罪并罚。如果这样做，孩子心里就会有负担。其实船山父亲的这种教育方法很好，这样就不会使过去的过错成为孩子前进的障碍，孩子因为不担心旧账被重算，心理压力也小，曾经的过错，也就不会因此成为向后成长过程中的精神负担。

因为二叔性格相对温和，所以每当遭遇父亲的冷落，船山就会跑到二叔那里去。但是，船山的二叔王廷聘对于子侄的要求也是一样严格，他经常帮助王朝聘用同样的目标教育子侄。不过他的教育方法与船山父亲的教育方法不一样。因为王廷聘是研究庄子的专家，所以讲起话来相对和风细雨一些。他先教船山二婶炒上几个菜，他和船山叔侄俩一面喝酒，一面说话。二叔教导船山，要按照父亲的教诲，远离利欲场，以仁义为目标，克制自己，宽容别人，做到了再说，没有做好的先不要胡乱夸口，要慢慢培养自己信实的人生态度和高尚的人格情操。二叔还耐心地抚慰叮咛，直到船山羞惭流涕，深思痛悔为止。

船山一家，酒风很盛。祖传的好酒量，人人都是海量。当年船山的祖父王惟恭教育船山父亲等人的时候，也是一边饮酒，一边督促学习。船山祖父的酒量是以斗来计量的，经常喝上几斗都不醉。

喝酒教育孩子们，因为有这种潜在的威慑力，效果有时反而会更好些。

其实只要教育孩子的用心好，教育的具体方式可以因人而异。不过，酒也只应喝到一定程度，这时人的头脑会更兴奋，思维活跃，容易抓住实质性的问题。

五、父亲为何气恼

朱由检，是明朝最后一个皇帝，年号叫作崇祯。崇祯初年，天下文士纷纷成立文社，他们以诗文相尚，相互标榜。船山也参加了湖南地区一个叫作“匡社”的组织，沉溺诗文，与声气中人相往来，当时船山大约二十岁上下。这件事可能与东林党领袖高攀龙的侄子高汇旃有关，因为高汇旃是船山在衡阳郡学时的老师，他可能是两湖地区匡社的筹划者和指导者。

匡社应该是复社的非正式的附属团体，或者就是仿效复社的形式，组织起来的松散的文墨社团。崇祯皇帝登基以后，很快打掉了魏忠贤奸党集团，为遭受冤狱的东林党平反。太仓人张溥和张采等，就利用这个大好的时机，首先在上海一带成立复社，目标是继承东林书院的传统，以复兴古学自任，以讲学论政为主要内容。家喻户晓的对联“风声雨声读书声，声声入耳；家事国事天下事，事事关心”，就是当年东林书院学者们的为学目标。但是目标归目标，运行过程中总有偏差。所以湖广地区的匡社，实际上就是一个文人墨客饮酒赋诗的士大夫团体，类似今天大学里的学生文学社团，组织既不是很严密，行动也缺乏统一性，而且目标渐渐低下，不久就剩下诗酒聚会的形式，复兴古学和匡扶社会正义的宗旨，已经在不知不觉中被丢弃了。

船山父亲知道船山参与了这样的组织之后，“蹙眉不欢者数日”，紧皱眉头，很多天都不高兴。现在的学校和学生家长都希望学生多参加些组织和社会活动，怎么船山参加点儿社会活动，他的父亲还不高兴呢？王朝聘是理学培养出来的优秀士大夫，他用理学的精神教育子弟，希望孩子们长大以后能够继承儒家的历史文化，希望孩子们成为君子，担待起必要的社会历史责任。他不愿意自己的儿子与轻薄的文士相往来，希望他能在心灵深处立下宏伟的大志，不要把精力浪费在饮酒赋诗之类的事情上，以为这样久了，就会玩物丧志。

根据我的了解，船山直到晚年也没有完全改掉这个习惯，还是经常跟文人们纵酒赛诗。当然，这个习惯也成了船山排遣心灵苦楚的方式之一，安慰了他那凄苦无助的生命。

王朝聘很少跟当时的文士相往来，就是地方官求见，也以生病为理由拒不见面。船山的科举老师欧阳霖，有一次从衡阳经过，想见王朝聘，也是经过再三请求，才勉强得见一面。这跟我们今天家长们的做法很不一样。我们现在的家长，请老师都请不来，老师自己找上门来，还不好好招待？为了能给孩子带来更多的方便，现在的有些家长，极尽可能地跟老师拉关系，甚至不惜贿赂老师。船山父亲不愿意这样做，他对待自己也是一样。

他有一次去参加科举，衡阳郡的老师们跟武昌的老师事先打了招呼，希望关照王朝聘。王朝聘一到武昌，知道了这件事，转身就回了衡阳，连科举也不考了。为什么？他不希望在任何人的荫蔽下活着，他要靠自己的力量，去为自己争取生存的空间和条件。他同样希望孩子们也像他一样，挺然独立地生活在这个世界上。

王朝聘对孩子的教育，确实是过于严厉了。我们今天的父母，多半都不忍心这样对待孩子。当然，王朝聘作为父亲，和我们今天的父母的动机是不一样的。王朝聘是想让孩子们都成为有独立品格、独立生存能力的高尚的人，目标是使孩子成为能者，成为贤者，成为君子。现在父母的目标，是不让孩子受苦受罪，是为了让他们成为一个幸福的生存者。他们只是希望孩子们快乐幸福地活着，而王朝聘的目标不在于活不活，而在于活得有没有意义。为了使生命有意义，孩子可以死，只要死得值，死得其所，甚至必须去死，因为苟活下去，是没有意义的。

其实人生幸福不幸福，快乐不快乐，并不在于拥有多大权力或者占有多少资产。心灵的满足，才是人生幸福的最高指标。而心灵能否获得满足，有没有人生理想，则是其中最为关键的一个基数。有人生理想，才有为了理想而奋斗的热情；有人生热情，人生才有劲头；取得收获之后，才有成就感，也才有真正幸福和快乐的感受。只图吃喝玩乐，只图不受罪，只图衣食住行舒适、方便，心里稀里糊涂，没有远大目标，是绝对不会有真正的快乐和幸福可言的。

船山的母亲谭氏也是一样，在船山的教育上，费心不小。有时为了教育孩子们，经常自己先哭了，感动得船山泪流满面！

船山的母亲是一个很了不起的人，她孝敬公婆，友善妯娌，辛勤劳作，勤俭持家，在贫苦的状态下，还能使家庭生计得以维持。同时，船山的母亲在扶贫济弱方面也从不吝啬，她经常把剩余的钱物分给贫困的家族中人，手头从不留余钱。她有一句理论，叫作："奈何以有用置无用之地耶？"意思是说不要把有用的东西闲置着，不让它发挥有效的作用。钱这种东西，是有用的吧？不要把它存在自己的腰包里或者账户上（当然，那时还没账户这一说），要把钱拿出来，分给困难的亲邻使用。只是存着，就不能发挥钱的作用，有用的钱财就会变成没用的废铜烂铁或者废纸。

六、母亲的忠告

谭氏告诉儿子们说："你们一定要记住父亲的教诲，存钱或者买田，既不像儒者，同时也是招祸之源。"树大招风嘛，钱多、地多、房产多，保不准什么时候就会惹出意想不到的祸患来。

船山母亲对钱的态度，给船山的影响也很大。船山只要有钱，从来都和兄弟们一起花，剩余的就送给族中和邻里困难的人，也曾把全部积蓄拿出来筹兵起义，挽救国家于危难。船山这种对钱的态度，赢得了人们的敬重和爱戴。

船山后来与别峰庵长老关系很密切。一次，别峰庵长老对着大众宣讲佛经，竟然在讲说佛经时朗声说道："天下无和峤之弊者，惟船山一汉。"和峤是西晋人，以存钱存物而著称，所有的兄弟、亲族和朋友等，都别想从他那里得到一金一银。当时人都把他当成吝啬鬼，后来就用和峤代称吝啬和贪婪了。长老的意思就是：当今天下，真能把钱财看成身外之物，不被它拖累，不受它捆束的人，就只有船山一个人了。当然，是不是只有船山一个人能够这样，那是另外的问题。但是，能像船山这样不受钱财拖累和束缚的人，确实并不多见。

钱这种东西，经常被俗人看得比命还重要，而对待钱的态度和处置钱的方法，也最能看出一个人的人生品质的优劣。只爱钱的人自然不必论说，单说一个人如果把钱看得过重，那么他就不能在真正的意义上成为一个仁爱的人，他不会舍得拿钱去做善事，所以也就成不了一个高尚的人。岳飞曾经讲过一句话，叫作“武将不惜命，文官不爱财”，岳飞说如果能够这样，国家就有希望了。所以，对待钱的态度，绝对不是一件小事情。

在船山的童年时代，尽管天下已经危机四伏，但是还没有酿成翻天覆地的祸患，而远在湖南衡阳的偏僻山村，对天下的形势更是少有所闻。船山就这样在平静中安然度过了自己的童年，这也是他一生中少有的一点幸福的时光。

第二章　最初的苦难

一、乡试的春秋魁首

在严格的家教与正统的儒学熏陶下，王船山熟读经书，平静地度过了少年时光。船山在州学的考核中，连年获得优等成绩，深受州学老师的喜爱。在州学老师们的敦促下，像当时其他所有读书人一样，船山带着家族和老师的厚望，于崇祯十五年秋八月，也就是1642年农历八月，与长兄王介之一同赶赴武昌，参加科举乡试。试图通过科考进入仕途，实现自己的人生价值。

科考结果出来了，船山兄弟俩同中举人。

明朝的科举，分乡试和会试两级，乡试每逢子、卯、午、酉年举行，每三年一次，具体时间在秋八月，所以乡试也叫秋闱。乡试分正、副榜，乡试被录取，就是举人了。中正榜者，可以直接参加第二年二月在京城举行的会试。会试也是每三年举行一次，分别在丑、辰、未、戌年春天举行，所以也叫春闱。因为由礼部主持，因此又叫礼闱。会试考中，就是进士了。

这次船山考中《春秋》第一，也称春秋经魁。因为要把《诗》《书》《礼》《易》合在一起，所以总排名就是第五了。长兄石崖考中了第四十名。

当时总房官是欧阳霖，就是这次科举考试的总主持人。欧阳霖这次将船山的考卷推荐为春秋经魁，所以船山后来也称他为举主，就是推荐人的意思。这次乡试的主考官是郭之祥，副主考官是孙承泽。另外章旷和蔡道宪，是这次乡试的分房阅卷老师。当时章旷是湖北沔阳知州，蔡道宪是长沙推官。

这一次湖南衡阳一郡参考的人中，中举的就有七位，夏汝弼、管嗣裘、李国相、包世美和郭凤迁，还有船山和石崖兄弟。当时明朝科举录取名额的分配各省不一样，北京也称顺天府，80名；南京也称应天府，100名；江西65名；广东50名；山东、四川各45名；陕西、山西各40名；广西也有30名；而湖南、湖北在一起，称湖广，一共只有55个名额。看来衡阳郡这一次收获确实不小。

这里所列举的这次考试的考官，以及同中举人等这样一大串名字，除了郭之祥、包世美和郭凤迁后来下落不甚明了，孙承泽不久投降清军之外，其他人都是船山志同道合的或师或友，或者亦师亦友。他们和船山的关系十分密切，在此后船山的生活中，都不同程度地起过相当的作用。

孙承泽（1593—1676），字耳伯，号北海，又号退谷，顺天（今北京）上林苑人，崇祯四年（1631）进士。明朝时，曾官刑部给事中。降清后，官至礼部侍郎。著有《春明梦余录》《天府广记》《元明典故编年考》《畿辅人物略》等。

二、躲避张献忠

就在船山参加武昌科举乡试的时候，明朝却是一片衰朽，同时更是狼烟四起，败象尽呈无遗，眼看就要维持不下去了。

放榜（相当于今天的公布考试成绩）之后，船山和长兄石崖一起到江西小住数日。十月间，兄弟两人回到了衡阳家中。十一月，船山又从衡阳起程，取道江西，准备赶赴北京，参加明年二月举行的会试。这次只是船山单独前往，因为石崖中的是副榜，没有资格前往京师，直接参加会试。

临行前，船山跟父亲夸口说：我这次进京，要广交天下君子。父亲听了以后，不冷不热地说："谁是君子我不知道。但是人生最关键的，还是要活出一个真正的自己。不要把别人当成主体，而使自己成为附庸。要把生命用在实现自己的理想上面，光追随别人没有用。追随错了或者深了，会丧失自己。"船山父亲的这段话语，实际包含了两种意思：一是当明朝末年之时，社会风气大坏，真正能称得上是君子，心中还有操守的知识分子越来越难见到了；二是告诫船山，人生的成功要靠自己的努力，外在的助缘虽然可以用作帮衬，但是究竟走什么样的人生道路，最终还是要靠自己的选择。如果一个人心中没有君子的目标，就算世界上都是君子，他自己也未必不会成为小人。

还没等船山到达武昌，造反的农民军领袖李自成、罗汝才等已经占领湖北和河南交界地带的很多地区。另外一支农民军部队的首领张献忠，也已占领了湖北南部和江西北部一些地区。同时，明朝的乱兵也在这一带活动。天下扰攘，四海兵戈，遍地烽火，通往北京的道路已经被彻底堵死。于是，欧阳霖就把船山留在南昌，劝说船山先回家奉养父母，等以后形势好了再说。就这样，船山于次年正月转道返回了湖南。

崇祯十六年（1643）初，李自成占领湖北襄阳，召开农民军领袖大会，商议进攻明朝的总体方略。会议期间，为了独霸天下，李自成设计杀死号称小曹操的罗汝才，还有绰号乱世王的蔺养成，又夺了老回回马守应的兵权。马守应无奈投奔张献忠。张献忠原本是来参加襄阳大会的，看到这种情况，害怕遭到李自成的暗算，不敢北进，滞留在江南地区。五六月间，张献忠攻占湖北武昌，自称西王。李自成听到这个消息，非常愤懑地说："我还没称王，他就先称王了！"张献忠害怕李自成举兵前来讨伐，于是就放弃湖北，转道进攻湖南。

当时农民军主要力量共有四股，一是李自成，一是张献忠，一是罗汝才，一是以革里眼贺一龙、左金王贺锦、乱世王蔺养成、老回回马守应、改世王刘希尧等五人为首领，联合在一起的部队，称为"革左五营"。李自成这次火并了罗汝才和"革左五营"，农民军主力，就只剩下李自成和张献忠了。

张献忠于崇祯十六年（1643）秋天的七八月间占领岳阳和长沙，八九月间又占据衡阳，之后又攻占宝庆（就是今天的邵阳，原本叫作邵州，南宋理宗宝庆年间，将藩邸改成年号的名字，同时升等为府，于是就叫宝庆府了。）和永州，十月攻下常德以后，基本控制了湖南全省。

张献忠号称"八大王"，因为面呈黄色，人送外号"黄虎"。张献忠在陕北农民军中的地位仅次于李自成，而高于罗汝才和革左五营，其人一向以残忍著称。崇祯八年（1635）攻占安徽六安时，为了镇压反抗，下令把全城所有的人都砍掉一只胳膊，男左女右，整齐划一，六安城立刻变成了"独臂城"！据说在1645年攻占四川的时候，"杀戮无孑遗"，焚烧百姓房屋，致使四川这个天府之国，赤地千里，一片废墟。他称帝四川期间，曾经举行过科举考试，以招揽人才的名义，笼络读书人为自己效命。结果又怀疑这些人不会真心拥戴自己，于是就把所有考中的人全部坑杀，就是活埋了。在四川最后的统治时期，张献忠经常自己说天神托梦告诉他说："天以百物与人，人无一物与天。"并且自己加补了一句，叫作"鬼神明明，自去思忖"。当时有一个道人阿谀他说："陛下即是天神，终当遗弃一切，最后归于上界。"就是回归上天的意思。张献忠听了以后很高兴，就把自己的全部妻妾还有一个幼小的儿子都杀掉了。据说他一天不杀人，一天的心情就抑郁寡欢。可以说是凶狠残暴，无以复加。这个凶狠的家伙攻占湖南以后，马上强迫当地士绅归顺，不归顺的，就直接投到湘江里溺死。

不愿"从贼"的士大夫纷纷逃亡躲避。船山因为父母年迈，不便逃离湖南，于是就和长兄石崖一道投奔舅父谭玉卿。谭玉卿当时住在南岳莲花峰下，张献忠部下四处追索，哨探已经来到莲花峰。情急之下，谭玉卿就在野地里临时搭建了一间简陋的茅草棚，把船山兄弟藏在里面，告诉他们千万不要轻易出来。

一天，一个当地人从这里经过，船山的大哥突然向这个人询问黑沙潭有什么名胜？船山非常不理解兄长竟然在这样的时刻，还想着旅游观光的事情。于是严肃地对长兄说：这是游山玩水的时候吗？石崖平静地笑着对船山说：现在不去游赏，还等到什么时候去游赏？难道你还能不跟我一起去吗？等当地人走了之后，石崖低沉凝重但却严正难犯地对船山说："更何处得一泓清净水，为我俩葬地耶！"就是说，还上哪里去找一块干净清洁的山水，作为我们兄弟两个的葬身之地呢！

听到这句突如其来的话语，船山赶紧回过头来，只见兄长

“目光出睫外如电，须发皆怒张”！石崖表情严肃，目光冷峻，连胡子和眉毛都竖立起来了！就在船山回眼看到兄长的一刹那，他被惊呆了！长兄像利刃一样的眼神，剜到船山心肝上了一般，船山的心不觉抽搐起来。

直到这时，船山才意识到兄长刚才的用意，原来石崖已经准备一死了之，而且还要带着自己一同自尽！

过了好一会儿，船山才回过神来。船山确实非常震惊，但是震惊归震惊，船山并没有感到太奇怪。因为就在这段时间里，与船山兄弟同中乡试举人的衡阳李国相，就自断一臂，表示废人不可用，虽然避免了一死，却落了个终身残疾。

三、冒险救父

船山兄弟虽然躲避在深山里，心里却惦记着家人的安全。就在这时，不幸的事情发生了。船山的父亲王朝聘，意外地被张献忠手下的巡逻士兵发现了。他们先是委婉地劝说船山的父亲，希望他能顺利地把船山和石崖交出来，为张献忠效命。王朝聘愤怒地看着来人，眼睛像钉子一样，不作任何回答。

张献忠的手下被激怒了，威胁船山父亲说：“你以为不说话就能解决问题了吗？赶快把儿子交出来，要不你就别想走掉！”王朝聘长长地慨叹了一声说：“安能以七十老人俯仰求活！”说我都七十多了，还会低三下四地祈求你们活命吗？于是转身回到屋里，沐浴更衣，与家人、朋友道别，准备当晚寻机上吊自杀。家奴赶紧偷偷跑出来，气喘吁吁地把家里的情况告诉了船山兄弟。

听到父亲被抓走，船山兄弟心急如焚。石崖马上要去营救父亲，声言救出父亲之后，马上自投湘江，免得给家里人添祸患。为什么要这样做？石崖心想，不就是因为我们读了点书，才给家里添了这么多祸患？现在我们都死了，他们也就不会再来找麻烦，父母亲和家人就不会再受连累了。

船山了解长兄的性格，这个人一向刚正但却不善于回旋。船山害怕兄长此去不但救不了父亲，恐怕还要把自己搭上。于是就决定自己前往。他告诉兄长一定不要轻易出来，等他的消息。船山自己把自己的身体刺破，抹上毒药，雇人抬着，来到了张献忠的营寨。

前面我们说过，在崇祯初年，船山参加了湖南地区一个叫作“匡社”的文人社团组织。在匡社时，船山结交过一些很讲义气的文士。当中有一个叫作奚鼎铉的湖北黄冈人，正好被张献忠收在军中，已经投靠了张献忠，还做了个小官。他知道船山不会给张献忠效命，就内外周旋，保护着船山父亲。船山父亲本想自杀，因为看管太严，奚鼎铉又不时前来探视，没有得到下手的机会。要不是奚鼎铉“看护”，船山父亲这回真的自杀了。

船山到了军营以后，谎称兄长已死，只剩下自己了。于是张献忠的部下就把王朝聘给放掉了。父亲走脱以后，船山一晚上没有合眼，一直等到天快亮了的时候，乘着守备困倦，在奚鼎铉设计帮助下，成功逃脱了。出来以后，又与父亲会合，父子双双逃到深山里去了。

就在船山前去营救父亲的时候，长兄石崖找到了一截绳子，揣在怀里，只等船山的消息。一旦救不出父亲，马上就会上吊自杀。听到父亲已被救出，才打消了自杀的念头。

船山的二哥王参之也逃到深山里去了，为了减小目标，没有跟船山在一起，这次也幸免于难。

明朝廷一向骂李自成和张献忠等农民军为流寇，因为他们经常采取流动的方式作战，都不习惯于长期占领一个地方，加上张献忠又非常害怕李自成追杀过来，所以在湖南折腾一顿之后，就赶紧跑掉了。李自成看到张献忠没有上当，又觉得彻底火并的机会还不成熟，于是从湖北襄阳向北进军河南去了。而明朝的总兵官左良玉，据说拥众八十万，乘张献忠撤出，顺利接管了武昌。当时山海关以外的清兵没有明显的动静，崇祯皇帝还坐镇北京，华夏江山还在朱明王朝的手中。

张献忠可能以为守也守不住，所以留下一点零星的部队断后，见机行事。如果没人来打湖南，就暂时先占着，要是有人来打，就赶紧放弃湖南，追赶主力部队，转进四川。留下的这些人，一看主力已经撤走，自然也就无心守备，更不敢轻易出来活动。船山一家因此没有受到再度追捕和骚扰。

张献忠这次攻占湖南，可把船山一家折腾惨了。先是船山的姨娘被乱兵抓获，为了免遭蹂躏，不屈被杀。船山母亲的亲姊妹只有两人，小姨被杀，对船山母亲和船山一家都是不小的打击。而因为船山躲避山里，当时正在病中的大儿子王勿药，因为没有得到及时诊治，病势更加严重。原配夫人陶氏，因为不知道这次夫妻分离是否会是永别，加上不断袭来的惊吓，也一病不起。

船山这次躲避在黑沙潭附近的时间，从中秋一直到次年正月。当时随身没有带衣物，下山走到台源寺，见到朋友夏汝弼的哥哥夏汝为时，竟然颤抖得连话都说不出来了。夏汝为赶紧把自己身上的棉衣脱下来，给船山披上。船山自己记载了这个事件，《岳余集》中有诗称：

匿影此郊原，相看两不言。

无衣度霜雪，多难悯乾坤。

……

更愁从此去，托足向何门。

这段诗的意思是说，自己躲避在山里很久了，出来见到朋友时，两人一时间竟然相对无言！船山是冻得说不出话来，而夏汝为则是因为看到船山受到如此的折磨，一时间不知说什么才好了。船山整个冬天都躲避在山里，连棉衣都没有穿。

国家危难，生民苦楚，船山不知道接下来还会发生什么事情，也不知道还会有怎样的苦难在等待着他，更不知道自己将来再向何处躲避。

四、房师殉国

船山从莲花峰下的黑沙潭边出来以后，马上就听说了自己的科举阅卷老师，也是志同道合的好友蔡道宪，已经在长沙殉国了。

蔡道宪（1615—1643），字元白，晋江人，就是今天的福建泉州人。崇祯十年（1637）进士，殉国前任长沙推官，就是长沙知州的副手。

蔡道宪于 1642 年秋八月，参与主持武昌本年度科举乡试，是分房阅卷老师之一。船山高中春秋魁首，出考场以后，蔡道宪和章旷有感船山忠义，就与船山定下朋友关系，而且互相勉励，以拯救天下时局为己任。科举考试结束之后，船山受总房师欧阳霖的邀请，转道江西南昌，与欧阳霖游赏滕王阁等地，之后才回湖南衡阳。而蔡道宪直接就回了长沙。

1643 年六月，张献忠占领了武昌。之后，因为害怕李自成相逼，也担心左良玉追击，于是转攻湖南。不久拿下岳阳，八月初占领长沙。当张献忠大军还在岳阳的时候，明朝地方军队望风南逃。蔡道宪严正地劝告他们赶紧回岳阳防御，说：如果岳阳失守，长沙自然也保不住，将来再向哪里跑？这些人被说得脸上无光，不好意思。虽然无奈而回兵向北，但都没有真正的守土之心。张献忠部队一来，纷纷逃散，致使张献忠顺利进军长沙。

长沙本来兵微将寡，蔡道宪紧急招募五千民兵，准备誓死保卫长沙。由于当时明朝的湖广巡抚王聚奎临阵脱逃，导致长沙兵溃，临时招募的一点军队也多半被他带走了。蔡道宪孤立无援，率千人左右独守长沙。

张献忠部队派了一个嗓门大的士兵，绕城呼喊："军中久知蔡推官名，速降，毋自苦。"告诉蔡道宪说：我们早就听说您的大名了，百姓都说您是好官，赶紧投降吧，不要为腐败的明朝效忠，拿自己的性命开玩笑了！蔡道宪找来一位弓箭射得准的小校，一箭就把这个四处叫喊的家伙给射死了。

张献忠围城三日，城内总兵官尹先民引兵出城，一战溃败，逃回长沙。敌兵尾随进长沙，尹先民投降，蔡道宪被俘获。张献忠部将劝蔡道宪投降，蔡道宪大骂不止。这位将官见劝说不行，就开始恐吓。他对蔡道宪说："如果你不投降，我就杀尽长沙城里所有的百姓！"

蔡道宪是一个清官，是一个敢于为民请命，甘于承当保护百姓的财产、性命的好官。杀老百姓，对于蔡道宪来讲，甚于杀他的爹娘！蔡道宪听罢大哭说：“逆贼，速杀我，勿害我民！”赶紧把我杀掉，不要残害无辜的百姓！张献忠部将见蔡道宪坚定不屈，就把蔡道宪杀害了，当时溅了刽子手一身血。

蔡道宪牺牲时，只有二十九岁。后人为蔡道宪立祠于长沙，纪念这位忠烈之士。

船山跟蔡道宪虽然只有一次短暂的相交，但双方都欣赏各自的忠义。船山与蔡道宪感情很深，很多年之后，蔡道宪的音容笑貌，还在船山的脑海里浮荡。直到1675年春天，船山为躲避吴三桂叛乱来到长沙，亲往蔡公祠拜祭，《姜斋诗编年稿》中有《拜蔡公祠》一首，其中有：

怀沙无归魂，惜兰非夭年。
绿莎生庭际，春云相凄暄。

惋惜蔡道宪英年殉难，祠堂中茸茸而荒疏的绿草没人打理，和天边暗淡的低云遥相衬照，仿佛还在诉说着从前的悲壮，可是眼下却只剩一片凄凉……

张献忠在湖南折腾一顿之后，留下一些散兵游勇，自己率领主力部队攻打四川去了。明朝的平贼将军左良玉乘着这个空当，领兵追击张献忠残部，兵进长沙。湖南湘乡一带的土匪也跟着起哄，和左良玉的部队一道出来杀人抢劫，杀得衡阳和湘潭之间尸横遍野。湘江的流水一时间变成了红色。这是崇祯十七年，也就是1644年初的事情。这一年船山二十六岁。

当血淋淋的太阳，再度照射在被浓重的阴霾笼盖住的三湘大地上的时候，一位步履蹒跚的白发老人，出现在腐臭不堪的乱尸堆积现场，他就是船山先生的父亲王朝聘。王朝聘一向坚守儒家立场，厌恶道教和佛教，一生都没有向“佛、道作一揖”，从来没有拜祭过佛祖、菩萨和各种名目的神仙。看到遍地尸体腐烂发臭，没有办法，只好招募僧人收葬尸体。

第三章 明朝的倾覆

一、崇祯自缢

1644年初，张献忠离开湖南，率主力部队攻打四川去了。

到了这一年的五月，船山得到确切消息，李自成攻占北京，崇祯皇帝自缢身亡，统治中国276年的朱明王朝已经灭亡了。船山心情十分悲愤，好几天都吃不下饭去。船山悲哭崇祯和明朝江山，愤恨李自成、张献忠等农民军搅乱天下，毁掉了明朝江山。同时，船山也异常痛恨当时的明朝军队，眼见君王受难，袖手旁观，陷崇祯皇帝于死地而不顾。船山为此写下了《悲愤诗》一百韵，一边吟诵，一边痛哭，以至于最后泣不成声。

当时由于交通、信息不发达，船山不知道，其实李自成已经在三月十九日攻占北京。而就在这一天，崇祯已经在煤山，就是现北京市景山公园里的一棵大树上上吊自杀了。当时明朝在河北、山西、山东、河南一带的兵力还有很多，也包括驻守山海关的吴三桂。崇祯在李自成即将围攻北京之前，就已经下诏，号召天下兵马进京勤王，但是明朝的各路兵将，竟然没有一卒一骑进京勤王。

早在三月十五日夜里，崇祯见江山已无挽回余地，就回到宫中与周后和袁妃同坐对饮，酒酣而慷慨诀别。崇祯拔剑先杀袁妃，周后回房自缢，而崇祯的女儿坤仪公主已在一旁哭成一团。崇祯凄苦地呵斥说：“汝奈何生我家！”挥剑砍去。公主本能地抬起胳膊格挡，被砍断一臂，当场昏死过去。崇祯又让三个儿子，其中一个太子两个王爷，赶紧换成百姓服装混出城去，告诫他们千万不要暴露自己的身份，之后便准备自己的后事。可能崇祯当时也有逃出北京城的意思，但是因为他已换上百姓的服装，又不便暴露自己的身份，守城的士卒不知是崇祯，拒绝开门放行，崇祯只有自杀一条道路。

崇祯于十九日上吊煤山，尸首是在二十三日被发现的，当时的场景很凄惨。他是和一个贴身的太监一同面对面自缢的，太监的名字叫作王承恩。悬挂在树上的崇祯皇帝身穿一件白里的蓝袍，长长的头发，被他自己甩在额前，挡住了脸面。一只脚上穿着红靴子，里面穿有绫袜，而另一只脚却光着，不知鞋和袜子都哪里去了。袖中藏有一条白练，练上写着："因失江山，无面目见祖宗于天上，不敢终于正寝。"古今帝王的结局，可能崇祯是最惨的一位了！

李自成虽然被称为流寇，但是就在这一年初，他已经占领全部陕西，并且在西安建立了大顺政权。建政之后，李自成率军出陕西，攻取太原，占领山西、河北等地的重要城市，全力进攻北京的势头已经相当明显。

当时还在河北、山西和山东一带的明朝军队，全都处在观望状态。只有扬州史可法试图北进勤王，又考虑自己有守住江南的责任，被几名老臣劝住，没有付诸实际的行动。崇祯皇帝孤立无援，坐困北京，为了不被生擒，只能自尽了事。

崇祯受困北京期间，明朝军队竟然没有一兵一卒前往救助，不仅船山对此极度愤慨，就连清朝的摄政王、皇太极的弟弟多尔衮都因此藐视明朝。他在弘光元年（1645）写给南明兵部尚书、内阁大学士、总督天下兵马史可法的劝降书中说："闯贼李自成，称兵犯阙，手毒君亲。中国臣民，不闻加遗一矢。"为了说明这句话的意思，我先给各位读者解释一下"阙"这个字。古代帝王在宫殿两旁铸造高台，高台上建造高大的建筑，因为两台之间有空缺，大臣们进宫时都要从两台中间经过，所以就叫"阙"，后世就用"阙"来代表宫殿或者皇宫。岳飞《满江红》词中的"待从头收拾旧山河，朝天阙"，就是表达重整河山之后，回来朝见天子的愿望和心情。多尔衮上面这段话语的意思就是说，李自成率兵攻打皇都，逼死崇祯皇帝，没听说中国境内有一兵一卒前往救助，没有人为了崇祯皇帝朝李自成发射一箭。多尔衮因此藐视明朝的这些将领，也藐视明朝的军队，进而藐视明朝这个朝廷。多尔衮还说，你们的皇帝被贼寇逼死，你们都不管，现在又打出守卫疆土的旗号。还不赶快投降，在为谁守卫什么呢？我简直都看不懂你们！

眼看崇祯困死北京，而不出兵救援，这件事对于明朝真是莫大的耻辱，当然也是崇祯咎由自取。

崇祯虽然有意振兴明朝，但是他的性格多疑，手段残忍，动辄对文武臣下生出疑心，然后就加以刑戮，甚至不论证据是否真实可信。弄得明朝的大臣们个个胆战心惊，不知道什么时候，就会被怀疑、被诛杀或者遭贬斥。崇祯的性格，很像朱元璋。加上当时天下形势已经不可逆转，所有的人都看清了这一点。这可能是崇祯坐困北京而没有人前来救援的两个重要原因。但从明朝内部看，当时手握兵权的武将们实在令天下人耻笑，也太让多尔衮和清军将领瞧不起了！

二、闯王之死

1644年三月十九日，李自成攻占北京。据说李自成进京时，志得意满地朝承天门，就是天安门的“天”字上射了一箭，声言如果射在这个字的正中间，就表示上天告诉他可以统一天下。结果射偏了，射在了天字的下面稍远一点的地方。这下这个字就变得“天”不像天，“太”不像太，从此天下再也没有太平的日子可过了。

李自成进京以后，明朝大臣、守将纷纷迎降。李自成把镇守山海关的明朝总兵吴三桂的父亲、儿子和妻子及小妾陈圆圆等都扣押在北京城中，用以要挟吴三桂。陈圆圆本来只是一名歌妓，据称其人声色俱绝于世。崇祯中，陈圆圆落入吴三桂手中，被吴三桂捏玩得爱不释手。后来辽东边警，崇祯促令吴三桂回山海关驻防，吴三桂本想带陈圆圆一同前往。其父吴襄怕崇祯因此怀疑吴三桂不尽心力，就把陈圆圆留在了北京，放在了自己的身边。李自成攻占北京之后，吴襄手书劝吴三桂投降李自成，吴三桂亲口答应，准备赶赴北京面见李自成。同时，吴三桂又不断派人进京打探消息，得知父亲、儿子被扣押，依然无动于衷。但是，当他听说李自成霸占了自己的爱妾陈圆圆时，却怒发冲冠，返身回到山海关，同时向多尔衮请求出兵以报私仇。吴三桂给父亲写了一封回信，声称：“父既不为忠臣，儿安能为孝子乎！”听起来慷慨豪壮，实际上只是为了陈圆圆，心中既无为君父报仇的想法，同时又把父亲的安危抛在了脑后。最关键的，还是心中没有一丝民族和国家的牵挂。

李自成听说吴三桂中途返回，降而复叛，率军前往山海关与吴三桂展开大战。吴三桂称臣于清朝摄政王多尔衮，换取清兵支援，正当李自成与吴三桂在山海关大战正酣之时，多尔衮率领十余万清朝铁骑突然出现，李自成惨败而归。于四月二十六日逃回北京，立即杀掉吴三桂之父吴襄并全家老小三十余口。李自成本想连陈圆圆一同杀掉，陈圆圆狡黠地告诉李自成说："吴三桂是为我而来，留着妾身可以延缓吴三桂的追击。"李自成就这样放过了陈圆圆。四月二十九日，李自成亟亟惶惶地在北京登极称帝，三十日便焚烧紫禁城宫殿和北京各城门，然后仓皇逃离北京。李自成可能是中国历史上坐金銮殿时间最短的皇帝，只坐了一天，屁股还没坐热，就慌慌张张地逃跑了。清兵随后追赶进京，明朝遗臣列队夹道欢迎，就像李自成进京时一样。

李自成虽然放过了陈圆圆，但是陈圆圆并没能延缓吴三桂的追兵。在多尔衮的督责下，吴三桂马不停蹄，一路追赶李自成。李自成在保定再被吴三桂与清兵大败，接下去又在定州、太原连遭惨败，一败再败之下，一路向陕西败逃。紧接着，又于西安再遭惨败，连手下最有名的将军刘宗敏也被杀死。在清兵一路追赶之下，李自成焚烧西安城，从陕西逃出。刚刚烧完北京，又把西安彻底烧毁了。

1645年五月，李自成在清兵穷追之下，一路南逃至湖北九宫山，被地方团练袭杀。也有说李自成是到九宫山没东西吃，找食物时被袭杀。还有说入土庙祈求神灵保佑，被当地土人误以为盗贼，用农具打碎头颅。李自成的侄儿李过给李自成的尸体扎了个草头，简单埋葬了事。

另有一说，认为李自成根本就没有死，而是跑到湖南省石门县的夹山寺中做了和尚。近些年来此说曾经一度流行，有些学者引用南明之初很多人对于李自成是否已死的种种疑问，又结合这个夹山寺和尚使用的器皿都很高贵，不是平常和尚所能拥有的出土证据，同时名字又叫“奉天玉和尚”等为理由，认定这个奉天玉和尚就是李自成。实际上这是不可能的，理由很简单，就是这种做法不符合李自成的性格。李自成折腾一生，终于有了机会，而且当时鹿死谁手还殊难预料，况且他手下还有六七十万大军。

李自成的死讯，南明人士是从投诚反正的李自成部队将领那里知道的。当年堵胤锡受何腾蛟指令招降李自成中军营李过、高一功所部，同时，何腾蛟自己又招降了李自成的支属部队袁宗第、牛万才、党守素、刘体纯、塔天豹、郝摇旗等。这些原属李自成亲信的降将，都异口同声地告诉何腾蛟和堵胤锡，李自成真的死了。李过是李自成的侄儿，高一功是李自成的妻弟，他们都在被何腾蛟接受的时候，把李自成的死讯告诉了堵胤锡和何腾蛟。而且就在他们正式投降南明以前，李自成的老婆高氏还在。高氏告诫李过和高一功，从此洗心革面，重新做人，一心一意扶持南明王朝。他们在此后一段时间里写的文书中，还没有完全改过习惯来，仍然称呼高氏为皇后。高氏因为劝说李过、高一功等专心服侍南明，还被隆武朝廷封为“贞义一品夫人”，称赞她“淑赞中兴”。如果李自成没死，他的夫人、侄儿和内弟是不会投降南明的，这是显而易见的道理。而且李自成的重要将领田见秀、吴汝义等都在不久之后叛降清朝，因为反复无常，被多尔衮处斩。当时多尔衮对明朝和李自成等农民军手下将领的政策是：“降而复叛，反复无常者，尽皆杀之，不留后患。”如果李自成还在，这些人也不敢甚至不会投降清军。

李自成死后，所剩部队还有六十万人以上，其中，中军营主力还有三十余万，由李自成侄儿李过和妻弟高一功带领继续南逃，渡过洞庭湖以后，在湖南、湖北地区慌作一团，不知如何是好。听说江东有了新朝廷，准备归附，又没有门径，抓到当地人一问，才知道南明已经任命何腾蛟做了湖广总督，正在长沙，于是就托人联系。八月，正式被何腾蛟所接纳。此时弘光朝廷已经灭亡，第二个南明政权隆武已经在福建成立了。所以弘光元年的后半年，改叫隆武元年了。这一年，就是1645年。李自成死讯传到南明，已经是1645年七八月以后，尽管何腾蛟在给隆武朝廷所上的关于李自成已死的奏章，是在没有“验明正身”的情况下写的，但是李自成余部官兵异口同声，绝对不会出于虚妄。

现在我们先放下李自成一路逃奔及其被杀身死的事实，回过头来看看李自成和明朝皇帝坐不稳江山的原因。

三、无辜的铁灯

据《明亡述略》一书称，李自成祖宗的坟墓里，被当年的术士放了一盏铁灯，说如果“铁灯不灭”，就表示“李氏当兴”。李自成参加农民军以后，成了闯王，陕西巡抚汪乔年奉命把李自成祖坟掘了，里面确实有一盏铁灯，而且还在依稀放光。正在看灯的时候，有一条金蛇从里面飞出，被汪乔年的部下挥剑斩为两段。蛇死了，灯也灭了。于是，民间就有了一个说法，说李自成坐不住江山，是因为祖坟里的铁灯被击灭了。当然，这只是民间的说法，李氏之不兴，肯定不是铁灯的责任。

李自成的祖父李海和父亲李守忠的坟墓，确实在崇祯十六年（1643）被当时陕西省米脂县的县令边大绶掘毁。据说，就在边大绶奉汪乔年的指令焚毁李海和李守忠遗骸的当天，李自成在战斗中被射瞎了左眼。

一位后来投降清朝的明朝官员程正揆说："闯不生，天下不乱；闯不死，天下不宁。"他表扬边大绶的功绩，称边大绶既"泄我明十四帝之愤"，又"开本朝亿万年之基"。说边大绶既为"他的"明朝皇帝报了仇，也为"他的"清朝开基作出了重要贡献。这样的话语，就是把自己既当成明朝的遗臣，又当成清朝的孝子。究竟自己姓什么，都忘记了，早已将廉耻置之度外。而程正揆的所谓"闯不生，天下不乱；闯不死，天下不宁"，根本就经不起推敲。前半句在逻辑上显然是倒果为因，后半句也不符合事实，同时也过高估计了李自成，尤其是边大绶。不是"闯不生，天下不乱"，而是"天下不乱，而闯不生"。李自成等的出现，是明朝腐朽统治所造就，李、张等作为明朝的掘墓人，是明朝自己作孽的结局，而不是导因。同时，没有李自成、张献忠，还会有张自成、李献忠。李自成没有起事之前，明朝的农民就已经暴动遍地，早就不可收拾了。李自成死了以后，天下也没有就此安定下来。

对于明朝的灭亡而言，李自成虽然是罪魁，但不是祸首，祸首是明朝的统治集团自己。我们假设李自成攻占北京之后，能够站稳脚跟，并且慢慢清除天下其他势力，那他也会如同朱元璋一样，成为开创新王朝的明君圣主。正是因为李自成攻灭了明朝，又没能守住江山，而被清朝顺势捡去了，所以他才成了历史上的大盗之魁。朱元璋何尝不是盗贼？程正揆的说法，完全是成者王侯、败者贼寇的卑劣之论。

清兵入关，自然是乘隙而来，但是，如果不是清兵入关，中国的战乱还不知延续到何年何月。当时中国内部的各种武装力量，既没有宏伟的理想和长远的目标，实力又都不小，并且互相不服，你杀我伐，互相攻打。除了清廷，谁能收拾了这个残局？生民的苦难，还要延续到什么时候才能结束？我讲这样的话语，并不是为清兵入关张本，当时的情况确实如此。

边大绶掘掉李自成的祖坟，也只是替明朝解气而已，哪有那么大的历史功绩？而且把掘掉祖坟，看成是最终导致李自成毁灭的原因，显然只是一种迷信。李自成于崇祯八年（1635）二月，攻占明朝的中都凤阳，就是朱元璋的老家，也把朱元璋的祖坟给焚毁了。当然，这也不是明朝灭亡的原因。

可是风水先生们据此认为，朱、李两家的阴宅风水被破坏了，所以都没能坐住江山。张献忠的祖坟也被边大绶发掘，自然也就没有坐稳江山的可能。但是罗汝才的祖坟没有被掘，吴三桂的祖坟也没有被掘，他们怎么没有坐住江山？而罗汝才反倒死在李自成的手里？吴三桂却被掘墓碎尸？

由此看来，风水先生的话语，完全是一种无聊的起哄，借此来哄骗小民，混口饭吃而已。用今天的话语来讲，这是他们的职业广告宣传，目的只是为了让更多不明真相的人相信他们，找他们给自己看风水，多赚几个昧心钱罢了。

正是明朝的腐朽统治，导致了自己王朝的覆灭，只是假手于李自成而已。李自成也是咎由自取，败由自致。他既没有拯救天下苍生的理想，又缺乏力挫天下群雄的谋略。祖坟被掘，最多影响了他的心情，并不能直接造成他的兵败被杀。所以，挖掘祖坟这件事，除了令对手难受，从而使自己开心以外，不具有更多、更大的客观作用。

四、福临入主紫禁城

1644年十月一日，爱新觉罗·福临在北京即皇帝位，改国号大清，年号顺治。十一月十六日，张献忠在四川称帝，国号大西，年号大顺。李自成国号大顺，年号永昌，只在北京“昌”了一天。张献忠，年号大顺，也只“顺”了两年。清朝的年号里也有一个“顺”字，但是去掉了张、李前面的虚张声势的“大”字，添加了一个实实在在的“治”字。

据说北京西面的卢沟桥，一向没有防卫设施，当崇祯初年天下已乱之时，朝廷动议在卢沟桥建造防御工事，以备不测。当时礼部拟定在新建城池的东西两面各立一块石碑，西面一块写上“永昌”两字，东面写上“顺治”两字。不久之后，李自成从西面攻破京城称帝，年号就叫“永昌”。而从东面入主紫禁城的清世祖福临皇帝，则建年号为“顺治”。这下全都应验了。这当然也仅只是巧合而已。

清朝借助李自成，进驻北京，成了中国的统治者。李自成实际上成了清朝统治中国的清道夫，为清朝入主中国扫清了道路。

入关以后，清军马不停蹄，一方面利用吴三桂等叛将，打着为崇祯皇帝报仇的旗号，追杀李自成，顺势将中原大地装入了自己的囊橐。另一方面，积极向南推进，陈兵江北，虎视江南。他们以吴三桂、孔有德、耿仲明、尚之信、洪承畴等叛将为前驱，由他们带路并充当先锋，出动各路王爷，甚至包括多尔衮、多铎、阿济格等都亲自参加了战斗，蓄势待发，做好了占领全中国的准备和部署。

五、弘光内讧

明朝灭亡，叫作甲申国变。因为按照中国古代的干支纪年方法，这一年正是甲申，也就是公元1644年。这一年的农历五月十五日，明朝遗臣马士英等，簇拥明朝的福王朱由崧在南京登极称帝，改明年为弘光元年。这是第一个南明政权。

弘光朝建立伊始，马上把明朝在江北的军队急速收缩向南，集中在长江北岸、淮河以南从徐州到淮南的狭小地带之内，将山西、河南和山东等地拱手放弃。当时淮河以北、黄河以南地区，分别掌握在李自成和南明部队手中。李自成没有有效利用这些地区的部队，组织对清兵与吴三桂联军的反击，只是临机应付，然后仓皇向西逃窜，致使这些地区的守卫部队无心抵抗，在清军与南明两方的夹缝之中，不久就逃的逃、降的降。而南明军队又全部收缩到了淮河以南，致使淮河以北大片国土，仅在一两月之内就如数归了清兵。

南明弘光朝廷既没有出兵北上为崇祯复仇，又没有乘机收复中原之地，似乎采取了坐山观虎斗的态度，想让清兵与李自成鹬蚌相争，以便坐收渔人之利。但是他们明显打错了算盘。清兵见南明政权不仅不思为崇祯报仇，而且根本无心江北国土，于是在追剿李自成的过程中，顺手将江北领土全部占领。而李自成则因为根本不是清兵的对手，一路只顾逃跑，也就把已经占领的山东、山西、河北、河南等地的领土，撒手让给了清兵。

在崇祯死后一年多的时间里，清兵的主要目标在于李自成，南明王朝不思乘机收复北方失地，反倒把北方放弃不管，这一点已经足以让清兵认清了弘光朝苟延残喘的本质。所以他们不会再把南明政权放在眼里，只等清空李自成之后，返身再灭南明。而弘光朝的朝臣们对此没有引起必要的重视，其实也不是没有引起重视，只是他们根本就不想往这方面去想。那他们到底在想什么呢？还是让我们来看看他们的作为吧。

弘光开朝时，原本史可法是首辅，马士英以自己身体欠佳等理由为名，说自己没有办法到江北统领四镇，不如史可法合适。本来史可法不同意拥立福王朱由崧，说他这个人不孝父、不读书、贪婪好色、酗酒、虐待属下，在下位时，还经常干预相关部门的政事。史可法主张拥立潞王朱常淓。弘光心怀不满，正好借此机会把史可法从自己身边赶走。于是弘光下令，史可法赴江北督师，马士英因此成了首辅。

占据首辅位置之后，马士英独揽朝政，立即向弘光推荐阮大铖，说他是军事家，懂得行军用兵之道。阮大铖本来追随魏忠贤，陷害东林党，崇祯在世时，虽然没有杀掉他，但已明令废止了此人。但是弘光根本不顾这些，听信马士英一面之词，重新任用阮大铖，置先朝君王的威严和律令于不顾。之后，马士英与阮大铖联手，为了巩固自己在朝中的地位，倾力打击东林党剩余势力，擅权害贤，祸国殃民。

马士英等佞臣还大肆卖官鬻爵，昔日降敌而复叛者、先朝惩治废弃的官员，甚至土匪、海盗、地痞、流氓、社会闲散人员等，只要稍稍使用贿赂，就可获得不小的官职。闹得江南各地乌烟瘴气，庸官冗吏遍地都是。当时民间有一句话语，形容这种情形特别到位，叫作“职方贱如狗，都督满街走”。用今天的话来说，就是满街都是省部级以上官员，而地市级的干部比狗还便宜。

弘光朝廷内部，党派之争也非常严重，马士英鼓动走卒今天上奏说史可法该杀，明天上奏说刘宗周该死。而正面的一系，也不断有人出来，说马世英该杀、阮大铖不当重新使用。一时间闹得你死我活，不可开交。朝廷上下，一片混乱，简直到了昏天黑地的境地。

就在南明弘光朝廷不思进取、苟且度日的时候，一件真假难辨的事情发生了。这件事情如果是一件普通的小事，也就算了，可是这件事却关系到弘光皇帝能不能继续坐在金銮殿上，于是江东地区顿时哗然。

一位自称是崇祯皇帝太子的人，由朝臣从北京带到了弘光朝廷。这一下弘光朝廷马上就像炸开了锅一样，朝野上下，一片哗然。

前面我们说过，崇祯皇帝临上吊自杀前，让太子和两个王爷都化装成百姓，试图逃出京城。据说李自成进京抓住了太子，当吴三桂以为崇祯报仇为名，领清兵攻打李自成的时候，李自成就把太子送给了吴三桂，目的是让吴三桂罢兵或者延缓其追击的速度。吴三桂得到太子以后，内蓄阴谋，没有告诉多尔衮，就把太子私下留在了自己军中。结果在追剿李自成的过程中，稍有疏忽，让太子跑掉了。听说江东已经成立了新政权，明朝的一个旧臣就把太子带到了江东。这位太子来到江东之后，立即引起了弘光帝和马士英的恐慌。弘光帝怕自己要让位给太子，于是就对身边的近臣说：“太子若真，将何容朕？”就是说，如果太子是真的，那我就不得不把皇位让给人家。马士英也说：“太子若真，将何置？”就是说，太子要是真的，我们将怎样安排他呢？于是手下领会了弘光帝和马士英的意思，几次公开审讯太子。马士英还给太子强安了个名字，让他自己承认他叫王之明。太子不认账，说我不是来抢夺皇位的，但是你们不要叫我王之明，我是明之王。尽管主审的官员们秉承旨意，逼迫太子承认自己不是太子，而是王之明，但是太子始终没有承认。弘光和马士英想要杀掉太子，但是左良玉、何腾蛟、黄得功、刘良佐等都不同意，以为真假还没有弄清，不可轻易下手。尤其左良玉，看到马士英独霸朝廷，心怀怨愤，借此滋事。他利用朝野上下对马士英的不满情绪，以“清君侧、保皇储”为借口，于1645年（清顺治二年）四月二日，发兵攻打南京，弘光朝陷入你死我活的内讧之中。左良玉在进攻江东的途中，病死在江西九江。但是，这件事并未就此结束，左良玉的儿子左梦庚领兵继续向东攻打，占领了建德和安庆，抢掠民财，屠杀百姓。

左良玉这次举兵的目的，根本不像自己在《讨马士英檄文》中所说的那样冠冕堂皇，只不过是想要取代马士英而独霸弘光朝廷。马士英也深知左良玉的用心，为了抵御左良玉，不顾清兵威胁，轻易将史可法和江北四镇的全部兵马都调回江南，防卫左良玉，清兵乘此之机渡过长江。

尽管史可法以清兵就在眼前，螳螂捕蝉、黄雀在后的现实警告朝廷，希望派一个有影响力的人亲自到左氏的军营中去，布陈大义，说明误解，晓以利害，但是马士英根本不予理会。最后，弘光朝还是下令史可法率江北四镇的全部兵马放弃江北防务，全部开赴江南抵御左良玉。清兵乘南明内讧，举兵进江南，围困扬州，史可法急回，战败被执，英勇就义。史可法在被俘之前，托人给母亲捎信，对自己没能在李自成进攻北京的时候率兵进京救助崇祯皇帝，表示了沉痛的忏悔。

清兵既占扬州，又迅速在五月间攻占南京。江北四镇统帅高杰，已在此前为争抢地盘被山西总兵许定国设计杀死。许定国杀死高杰之后，首先投降清兵。接着就是刘泽清和刘良佐，这两个人也痛痛快快地投降了清兵。刘良佐还追擒弘光帝，把自己的主子交给了清军。江北四镇中，只有黄得功一人不降而战死，但却不是死在清兵手里，而是死在刘良佐的手里。第一个南明政权昙花一现，转瞬之间就彻底败灭了。

左良玉死后，他的儿子左梦庚仍然置大敌当前于不顾，冒天下之大不韪，继续挥兵东下。清兵一入江南，左梦庚马上率领数十万大军投降清兵，把江南国土拱手让给清军。然后又率所部攻打江西、安徽、江苏等地，卖身为奴，化身为鬼，可耻至极，可恨至极！左梦庚部下后来成了清军攻占江西、福建和广东等地的主力之一。除了李自成和马士英之外，左氏父子的行为是导致明朝和南明弘光朝灭亡的最直接的原因。

清兵既得江东，就把太子、弘光还有潞王等一起押赴北京，同日全部斩首了。弘光自是罪有应得，潞王却有些无辜。最可怜的就是这个太子，还在跟清廷申述，说自己是真太子。殊不知，清朝要杀的，正是真太子。这位脑袋进水了的太子，还想希望得到打着“替崇祯报仇”旗号的清兵的理解和扶持，真是蠢不可及，愚不可治了。

六、重修二贤祠

当此天下大乱之际，船山先生不知天下形势将向何处发展，也不知道湖南还会遭受多大的苦难。于是，就在山里建宅居住，命名为续梦庵。大约是希望明朝能够死灰复燃，以延续昔日的旧梦。

1645 年二月，时任长沙知府的堵胤锡，来到衡山莲花峰下的方广寺，参拜二贤祠。堵胤锡问询船山兄弟下落，寺僧告知，船山兄弟此时再度藏身于南岳双髻峰下。但因山路陡险，堵胤锡未能前往找寻。只是嘱咐寺僧告诉船山兄弟，他要重修二贤祠，委托船山、石崖和夏汝弼相助，共同完成此事。

堵胤锡作为长沙知府，不好好守卫长沙，跑到南岳来干什么？

堵胤锡本来是长沙知府，张献忠攻打长沙之前，堵胤锡受崇祯指令进京面圣。但因路途阻隔，根本无法通过，于是原路返回。这时长沙已经失陷。堵胤锡只好来到衡阳，而衡阳也已在他到来之前被张献忠占领了。堵胤锡只能暂时到南岳山中躲避。听说船山兄弟避乱山中，于是前来寻找。刚好看见二贤祠已经破旧不堪，出于对古代先贤的敬仰，想要重新修建一下。

这次堵胤锡因为没有见到船山兄弟，十一月的时候，又因军务来衡阳，再到方广寺，找到船山兄弟，当面作了具体的交代，以表示重修二贤祠是一件十分郑重的事情。此时，他已经被隆武皇帝任命为兵部侍郎兼湖北巡抚了。

二贤祠供奉的是什么人，使堵胤锡这么感兴趣，而又引发船山兄弟那么大的热情呢？二贤祠供奉的神主，是南宋时期的两位大儒，一位是闽学的宗师、理学的集大成者朱熹，一位是湖湘学派的学术领袖、号称中兴宰相的张浚的长子张栻。

张栻（1133—1180），字敬夫，学者称为南轩先生。他是南宋时期湖湘学派的宗师胡宏的首席弟子。胡宏（1105—1162），字仁仲，因为长期寓居衡山祝融峰、天柱峰、石廪峰、云密峰和紫盖峰五座山峰之下授徒讲学，所以被尊称为“五峰先生”。

南宋孝宗乾道三年（1167）八月，朱熹听说张栻得到了衡山胡五峰先生的真传，于是不远千里从福建带着两个弟子来到湖南长沙，拜会张栻。两人在长沙讲论近两月，史称“长沙之会”。这是中国历史上第一次真正的以论学为目的的私人盛会。远近学者纷纷赶来听讲，影响巨大而且深远，对湖湘文化核心内涵的传播和儒学在南宋的进一步兴盛，起到了极其重要的推助作用。

长沙之会以后，朱、张两人又偕同学生、朋友共同游历南岳，曾在方广寺居住，方广寺僧保存了双方唱和的往还诗章。后来船山为了躲避战乱，经常到方广寺，受寺僧之托，作《莲峰志》，将二贤当时唱和诗章全部辑录其中。

第四章　风雨长沙城

一、六个皇帝、一个监国

弘光朝因为内讧，很快就被攻灭了。但是接着之后，在中国的南方，竟然又出了五个皇帝，一个监国，实际上也相当于皇帝。

1645年闰六月，明唐王朱聿键在遗臣黄道周和郑芝龙等拥戴下，于福州宣布监国，七月二十七日正式称帝，史称隆武。这是南明的第二个皇帝。隆武帝赐郑芝龙子郑森姓朱名成功，这就是朱成功，也就是郑成功。与此同时，明遗臣张煌言、钱肃乐等拥立明朝的鲁王朱以海在浙江绍兴宣布监国。唐（隆武帝）、鲁二王各拥重兵，互相攻杀，势成水火。只一年光景，分别被清兵攻灭。

1646年一月，广西靖江王朱亨嘉，鼓动广西征蛮将军杨国威等，拥立自己在桂林称帝。这是南明的第三个皇帝。不数月，明两广总督丁魁楚奉隆武之命擒杀杨国威，把朱亨嘉和数十名逆臣一同押送到福州处死了。

隆武帝死后，大学士苏观生等拥立隆武帝的亲弟弟唐王朱聿𨮁于广州称帝，建元绍武，时间是1646年十一月五日。这是南明的第四个皇帝。

相隔没几天，明两广总督丁魁楚与广西巡抚瞿式耜，扶植桂王朱由榔于十一月十八日在广东肇庆称帝，建元永历。这是南明的第五个皇帝。

为什么出了这么多的皇帝，而这些大臣们都想扶植自己的皇帝呢？

谁不愿意当皇帝呀？当了皇帝就可以作威作福，足食足欲。谁立的皇帝给谁封的官高，谁得到的好处就多。

仅从这一点上，我们就可以看出明朝宗室的贪欲和明朝遗臣的贪心。全是一些没有理想，没有信念的人。只图混饭吃的，就是再扶植出一百个皇帝，又能有什么真作为？

绍武帝和永历帝，各怀独占权力、独享私欲的贪心，在清军大兵压境的严峻情势下，仍然不吸取弘光朝和隆武朝的教训，从王朝建立开始，双方就大开杀戒，各自伤亡惨重。

清兵借其内讧，迅速于十二月二十一日攻占广州，杀绍武帝及苏观生等。绍武更惨，只当了一个半月的皇帝，就一命归西。永历帝闻听，赶紧逃往广西梧州。

就在这一年十一月二十七日，张献忠被清兵攻杀于四川西充。他也是一个皇帝，坐了两年的金銮殿，只不过不是明朝的皇帝。张献忠死后，其手下部队被他的四个干儿子孙可望、李定国、刘文秀、艾能奇带入了云南。

二、长沙城里的神秘来客

1645 年六七月间，何腾蛟来到长沙。

何腾蛟（1592—1649），字云从，贵州黎平人。1621 年乡试副榜举人，开始在河南南阳县当知县，因为镇压农民军有力，不断升擢，累官至右佥都御史，湖广巡抚，弘光朝加兵部右侍郎。

当左良玉举兵东下之时，何腾蛟正在武昌，被左良玉挟持，扣押在行军舟中。行至汉口附近，何腾蛟乘人不备，投身长江之中，在芦苇丛中隐蔽了好几天，险些葬身鱼腹。后来有渔船经过，何腾蛟乘机登上渔船，逃往江西。之后，又进入湖南浏阳，后辗转来到长沙。隆武称帝，朝廷任命他为湖广（包括湖南、湖北）、云南、贵州、广西、四川五省督师，升为大学士。

何腾蛟受命以后，联合长沙知府堵胤锡、湖北沔阳知州章旷等，在长沙建立临时军政府，叫作“开府长沙”，开始经办军政事务。

具体办公地点，就设在今天长沙县的星沙镇。这个临时军政府，不是湖南一省的临时军政府，而是湖广、广西、云南、贵州和四川五省的军政府，三人共同筹划恢复江北事宜。堵胤锡、章旷等共推何腾蛟为盟主，何腾蛟奏请加堵胤锡为湖北巡抚、兵部侍郎，章旷以太仆寺少卿的身份出任何腾蛟监军，负责帮助何腾蛟处理军政要务，监督军纪，筹措粮饷，储备军资之类的事情。

长沙临时军政府刚刚草草建立，何腾蛟就招抚了李自成支属部队刘体纯和郝摇旗各数万人，袁宗第、张光翠、蔺养成、牛万才、王进才、塔天豹等各数万人，以及左良玉余部马进忠、王允成、卢鼎等部约十万人，总计约四十余万人。接着又由堵胤锡出面，接收了李自成妻弟高一功、侄儿李过所统李自成中军营主力三十余万人。加上明朝剩余兵力，长沙临时军政府当时共有大约八九十万人马。虽然拥有数量如此众多的军队，但却禁不住清兵的一点打击。一队顺路经过的清兵，竟使这些军队望风披靡，溃不成军，狼狈逃窜。

三、岳阳溃败

1645年夏，因为左良玉趋兵东进，武昌一带长江防御体系自行瓦解，清兵也乘此迅速渡江，兵逼湖南。

清兵先头部队首先在岳阳一带向南明军队发起进攻。南明一方主要是左良玉余部和李自成余部，何腾蛟与堵胤锡将一时间凑合起来的近百万人马分为十三营，分别由黄朝宣、张先璧、刘承胤、李赤心、郝永忠、袁宗第、王进才、马进忠、马士秀、王允成、卢鼎、曹志建、董英等统领。在这些部队中属于李自成的数支，从山海关、北京、太原、西安等地一路被清兵追杀，惨败的教训早就使他们丧失斗志，对清兵几乎达到了闻风丧胆的地步。而属于明朝残剩的黄朝宣、张先璧、刘承胤、董英等更是无心作战。加上十三营中左良玉余部王允成不战先溃，在缺乏准备的情况下，被清军任意宰割，一路向南溃散。就这样，岳阳轻易落入了清兵手中。

有关这次岳阳落入清兵手中的经过，说来简直就是笑话。左良玉余部和李自成余部既被招降，何腾蛟、章旷和堵胤锡指令这些部队驻守岳阳，指望他们能够守住岳阳。一天，一大队清兵骑着快马飞驰而来，左良玉部王允成等未及接战，转身逃窜。十三营其余各部在毫无准备的情况下，被清兵任意横扫，蹂躏得一塌糊涂，一路向南奔溃。其实这次清兵到来，不是来进攻岳阳，而是为了追赶一只老虎。人家正在狩猎，就把这几十万大军吓得抱头鼠窜。清兵一见，才引发就此拿下岳阳的想法，十三营遂遭肆意践踏。捕兽变成了捕人，南明的军队也由守卫者变成了被追逐的禽兽。

岳阳就这样轻易落入了清兵手中，气得监军章旷直吐血。这个章旷，就是船山的科举阅卷老师，与船山志同道合，感情深挚。

何腾蛟与堵胤锡等为了安抚这些部队，煞费苦心。加征农民赋税，达到从前的六倍，而且大户还要多出，湘人苦不堪言。何腾蛟又使人告奸，大户隐匿钱粮的，以军法论处。结果还是杯水车薪，无济于事。于是李自成余部和左良玉余部在湖南境内大肆抢掠，生民惨遭涂炭。堵胤锡为了收拢这些人，使他们真正为朝廷效命，把李自成主力李过和高一功所部称为忠贞营，赐李过（当时已更名李锦）名李赤心，赐高一功名高必正，勉励他们从此改邪归正，赤心报国。何腾蛟也上奏南明朝廷，赐李自成支属部队将领郝摇旗为“郝永忠”。

据船山先生讲，何腾蛟主要信重李自成部将郝摇旗。郝摇旗出身低贱，本来没有名字，因为给李自成军队打大旗，所以被人称为郝摇旗。何腾蛟上奏，赐郝摇旗名为郝永忠，目的是让他永远忠于南明政权。而黄宗羲在《永历纪年》中，说这个郝永忠在永历二年（1648）二月二十三日，冲进桂林城中，大肆抢劫，并且夜袭永历皇宫，把正在睡觉的永历皇帝赤身裸体拖出来，扔到野地里去了，差点把永历帝冻死！同时还把朝中官员全部捆绑起来，抢走皇室和大臣们的财物之后，扬长而去。真是土匪成性，恶习难改呀。

岳阳被清兵占领之后，马进忠、王允成和忠贞营纷纷南逃，择地自安，不管长沙了。清兵既破岳阳，长沙危在旦夕。

四、不得已的建议

监军章旷对督师何腾蛟说："此辈响马，习性难驯，且惊弓之鸟，望而惊扬，岂能抗臂与贼争锋？"响马就是土匪。章旷说这些土匪，难以真正驯服，而且吃过清兵的苦头，就像惊弓之鸟一样，看见敌人就会马上逃跑。他们不敢和敌人真正交锋。章旷建议，不要过于相信这些人，于是何腾蛟决定用南方人，不再用北方人。

当时明朝副将刘承胤（也叫刘承允）驻守湖南武冈，有兵数万。章旷亲自前往，请他到长沙来，要他听命于何腾蛟的指挥。

刘承胤来到星沙，章旷预先向他吹风，说何腾蛟如何如何威严，本希望刘承胤能够服从"何总指挥"的调遣。可是万没想到，何腾蛟竟然以宾主之礼接待刘承胤。不仅如此，见面时还表现出要依赖刘承胤的"谦恭"和"无奈"。刘承胤出来以后对章旷说，你这不是吓唬我吗？他是一个书生，哪有什么威严！于是不听何腾蛟调度，转身回武冈去了。

章旷无奈地对幕下蒙正发说："现在朝廷刚刚在福建建立，边镇将领都在观望。所以我才故意张大督师的威严，希望镇住他们，这样才能使他们听从调遣。现在督师竟然屈身对待他们，等于自泄元气。这下军威就难于树立起来了！"章旷的意思是说：他跟刘承胤一再强调何腾蛟威严难犯，目的是使像刘承胤这样的边镇将领知道惧怕，从而便于调动兵力，外镇将领就不敢随心所欲，都能听命于朝廷。

当此兵众群龙无首，各自为垒、各行其是的时候，更应当拿出统帅的气概和威严，以压住边镇将领。这样的话，那些被招安的土匪，还有分处各地的骄兵悍将们，就不敢为所欲为了。没想到何腾蛟书生意气，谦恭礼让地对待骄横跋扈的外镇将领，本来朝廷威仪就没有树立起来，以后这些人就更加难治，军队的威严和朝廷的威信就更加难以树立起来了。

刘承胤撒手走掉之后，章旷又给何腾蛟提出建议说："与其以有用之金钱，养望敌还奔之响马，不如养站得住脚之南兵；养进止自如之外镇，不如养可与夺、遣发唯命之亲兵。且有亲兵，则可自强；自强，则可以弹压响马，驾驭外镇。"就是说，北兵和南兵都不可信，只有自己养育亲兵了。有了自己的亲兵，自己的力量就增强了。这样的话，那些投降的兵将就会被吓住，而外镇的将领也会被慑服。章旷的建议，如数被何腾蛟所采纳。于是他们迅速在湖南长沙和麻阳、贵州黎平、广西柳州等地招募了三万人左右。这下，何腾蛟和章旷总算有了听自己指挥的一点儿亲兵。他们管这种兵叫作"标兵"，大概有模范和先锋部队的意思。

五、章旷出师

章旷以为，下湘（湖南号称三湘四水，三湘分上、中、下，上湘指湘乡，中湘指湘潭，下湘指湘阴）是岳阳通往长沙的门户，必须坚决守住，这样才能保住长沙，同时还可伺机夺回岳阳。按照章旷和何腾蛟的部署，当时他们是想在夺回岳阳之后，趋兵东下，先夺回南京，守住江南，整顿江南各部队，然后再计议渡江北进，夺回中原和华北等地，恢复明朝全部失地。

章旷自告奋勇，决定亲自镇守长沙门户湘阴。何腾蛟心想，章旷虽然胸中装有无限韬略，但毕竟是一介文弱的书生。于是，就打算派一位边镇大将随同章旷，一起镇守湘阴。章旷说，还是算了吧，这些人不听指挥，到时候更难办。何腾蛟同意了章旷的请求，没有派边镇大将随同。

就在章旷准备出发的时候，军中传来战报，说章旷的哥哥章简在松江守卫战中为国捐躯了。松江就是今天的上海。章旷当时在长沙设堂拜祭，哭诉着说："弟之任沔阳，兄送弟京口，执手叮咛作好官。兄不忍舍弟，弟不忍舍兄。兄今舍弟而报国，弟必报国而追兄！"

章旷说，当年他出任湖北沔阳知州的时候，他的哥哥一直从上海送到镇江，京口就是江苏镇江。当时章旷的哥哥紧握着章旷的手，千叮咛、万嘱咐，告诫他一定要做一个为国为民的好官，不要做鱼肉乡里、贪残害民的赃官。两兄弟难舍难分，这个场景至今历历在目，就像在昨天一样。可是哥哥却为了报效祖国，舍弃自己先走了。哥哥你别着急，弟弟一定努力报国，为国捐躯，前来追随你！所有身边的人，都被感动得流下了热泪！

章旷的哥哥叫章简，字次弓，曾任罗源县令。清兵攻陷松江，章简和长乐县令夏允彝一同为国捐躯了。

章旷强调守住湘阴，从当时的战局来看，这里确实是战略要地。章旷来到湘阴，立即谋划停当，做好了战斗准备。船山先生听到这个消息，异常兴奋，马上寄诗给章旷：

戎车六月正闲闲，救日朱弓向月弯。

戎车就是战车，闲闲是众多而盛大的样子。正当炎热的六月天气，我们英武的章旷监军，正率领着勇敢的将士，驾驶着高大雄伟的战车，隆隆地向战场昂然开去。拯救太阳的行动开始了！看吧，那像火焰般燃烧着的红彤彤的长弓大箭，已经朝向凶残的敌人，拉满了愤怒的弓弦！

船山还在诗中告诉老师，说两湖民众都准备好了提篮担饭、拎壶送水，积极支援您的复兴战争，并翘首期待老师大获成功，以抚慰天下人由衷的厚望！

船山等湖南、湖北士子们的勉励，极大地激发了章旷的热情。章旷在厅堂柱上大书一联：

帐下若干同死士，湖南第一大明城！

慷慨豪壮，气吞山河，表达了章旷带领两万敢死将士坚决抗敌，誓死报国的顽强意志和坚强决心。他们要把湖南铸造成为明朝第一个坚不可摧的钢铁长城！

章旷有一位爱将，叫作万大鹏，招抚流寇有功，而且勇武绝伦，何腾蛟称赞他：“浑身是胆，出语惊人。”从长沙到湘阴行军的路上，走到平江的时候，万大鹏纵容兵士抢掠民财，章旷处死万大鹏，以正军法。其余将领看到章旷连手下爱将都不留情面，于是私下里互相告诫，不敢再违背章旷的军令。

章旷亲自率领两万将士镇守湘阴，严整军纪，严阵以待，准备迎击来犯的清军。

第五章　血战潼溪

一、振奋人心的胜利

章旷刚刚来到湘阴，清军前锋就已逼近，章旷指挥诸将奋力冲杀，斩敌数百，清兵逃回岳阳。

章旷亲自督战，并委派数员将领守新墙，以防清兵从大路进犯。又派覃裕春、姚友兴等守潼溪，以防小路，还安排几员将官往来接应两处。他自己坐镇湘阴，负责全面指挥，随时策应各路人马。

清军前锋逃回之后，纠集人马，再来进攻。章旷稳健指挥，清军几次进攻都没有得手。清军派总兵祖大寿带兵前来救援。了解明清这段历史的人都知道祖大寿，其人原本是明朝防御清兵的辽东总兵，先在袁崇焕手下，袁崇焕被诬下狱死，洪承畴总制辽东。崇祯十四年（1641），明、清两方军队在辽东松山开战，洪承畴指挥失误，被围松山，祖大寿和洪承畴就此一同献城投降清朝。然后又随清兵入关，一路杀伐，立功不少，造孽很多。

镇守岳阳的清军主将马蛟麟和前来救应的祖大寿合兵一处，首先选择大路进攻，直扑新墙。新墙将士虽然艰苦奋战，最终却也抵挡不住，在打退清军数次进攻之后，新墙东北角被攻破，几位将领都被清军俘虏了。潼溪守将之一的姚友兴见势不妙，乘着清兵还没有到达潼溪，率军逃跑。章旷愤激无比，以头撞地，吐血数升，昏厥过去。醒来之后，立即派人截住逃兵，重整队伍。然后，派行军参谋蒙正发亲自到潼溪，与覃裕春等共同设防。章旷还不放心，又把亲兵卫队满大壮派往潼溪，身边只剩下数十人了。

蒙正发到了潼溪以后，与覃裕春父子和满大壮父子等发誓与潼溪共存亡。

章旷命令把六千火铳手分作三排，准备轮流发射。骑兵和步兵先躲藏在掩体的后面，等敌军溃败之时，再行出击。

各位可能会问，为什么不把鸟铳手一齐派上去，而采取轮发的办法？因为那时的鸟铳虽然是火器，也叫火枪，但是每打一次之后，都得重新装进火药。这个过程，在当时需要大约十来分钟的时间。如果一次全部发出，敌兵再上，就没有时间装药了。最可怕的就是敌人使用骑兵，马快刀狠，火枪手就有可能在装弹时被骑兵砍死。

章旷安排好了火枪手，准备迎击来犯的清军。可是火药却成了问题，没有火药，火枪就成了一堆废铁。当时他们太困难了，一时间上哪里去找足够的火药呢？

一天晚上，蒙正发和覃裕春在巡视营防时，忽然发现两堆黑乎乎的东西，就放在军营附近。近前一看，差点乐得从马上掉下来。什么东西呀？火药！

是天上掉下火药来帮助章旷了吗？不可能。是清军乘着黑夜，偷偷运来的。他们准备用火炮打过来，把这里的火药点燃，造成潼溪守军的混乱，然后乘势冲杀。如果真让清兵得逞，潼溪就完了，湘阴也完了。这可能是祖大寿的主意，他当年在山海关驻防时，大约就用这种办法对付过皇太极。可惜这一次被发现了，反倒成了人家的军火供应商和运输大队长了。这下弹药充足了。蒙正发和覃裕春赶紧把火药分发给每个火枪手，严阵以待，做好了抗击清兵的准备。

第二天，天刚蒙蒙亮，清兵就发起了对潼溪的总攻击。重炮轰击之后，清军马步兵开始冲锋。当清兵冲到三四十米左右距离的时候，只听得乒乒乓乓一阵排枪，数百个清兵应声倒地。清兵稍事迟疑，接着向前冲来。叮叮当当又是一阵排枪，又有数百个清兵应声倒地。清兵不服，继续猛攻。这次潼溪的守军等待清兵更近一点，只有二十米不到的距离时，突然又是一阵排枪，枪声在早晨的薄雾里，就像炒爆豆一样，惊得连鸟兽都四散飞扬了。

清兵原以为潼溪的守军没有弹药了，所以有些放肆，结果这顿排枪更厉害，上千余名清兵一齐扑倒在战垒前面。清兵一阵混乱，纷纷溃退。就在这时，潼溪镇号角齐鸣，这号角吹得有劲，把薄雾都吹散了。蒙正发、覃裕春和满大壮等身先士卒，率领马步军一齐杀来，全军上下人人奋勇、个个当先，舍生忘死，所向无敌。杀得清兵狼狈逃窜，溃不成军。马蛟麟被杀得焦头烂额，祖大寿差一点就成了祖到寿了！

章旷挥军乘胜掩杀，一直把清兵追进了岳阳城里。马蛟麟和祖大寿慌作一团，关紧城门，再也不敢出来了。这一天，就是南明隆武二年六月一日，也就是公元 1646 年的六月一日。

这一仗打得真是太漂亮了！这是清兵渡江以来所遭受的第一次沉重打击，也是南明用兵以来从未有过的大胜利！

清兵自打渡江以来，所向披靡，南明将领闻风丧胆，不是卸甲投降，就是狼狈逃窜。仅有的几次抵抗，如史可法、黄得功和黄道周等，都没有坚持多久，轻易就被击溃了。清兵原以为平定江南会像秋风扫落叶一般容易，哪里见过这次这种阵势，一时间都被惊呆了，也被吓傻了！

湓溪大捷，极大地鼓舞了南军的斗志，也书写了南明抗清史上的一页亮丽的篇章。一时间全军振奋，士气高涨。船山后来在《永历实录》中评价说："自江南用兵以来，与清兵合战得捷者，自湓溪之战始。"说江南从用兵以来，打败清兵诸路联军，这还是第一次。船山先生还说："湖南、北守经年不陷者，皆章旷之力也。"湖南、湖北能够坚守一两年之久，使得清军未能在湖南获得一尺的进展，这全都是章旷的功劳！

湓溪捷报传到福建，隆武帝大加赞赏。这时有人想陷害章旷，这就是南明王朝！也像历史上许多衰败的王朝一样，刚刚获得一点小胜利，马上就会有人出来陷害居功甚伟的功臣。这些陷害章旷的人，说章旷在湖北任沔阳知州时，江北士绅都曾受到他的打压。这些人还使用了一个特别歹毒的词汇，说章旷"毒遍江北"。实际上，就是受到章旷处罚的不法官员伺机报复，以泄私愤。

隆武帝听了以后说："章旷仅以一个小小的知州身份，就能毒遍江北士绅。看来这个人不是等闲之辈，必有超凡的才能。中兴大业，急需此人！"于是下诏书，升任章旷为湖北巡抚、南明全军粮草总督，参理全部军务，同时晋升兵部右侍郎兼都察院右副都御史。这下可把陷害章旷的人气坏了，但是当时南明有识之士却纷纷拍手称快。他们称颂隆武皇帝的英明，有人甚至认为，如果一开始不立弘光，而直接立隆武为帝的话，也许明朝真有复兴的希望。

二、破产了的计划

章旷把马蛟麟和祖大寿围困在岳阳城里，准备一鼓作气，攻下岳阳城。进攻岳阳之前，章旷勉励全军：“一腔热血，要寻个好去处。”人只活一回，都有一腔热血，很多人都把它在吃喝玩乐中白白地浪费掉了。我们要把它洒在为国献身的宏伟事业上，这样才值得！章旷又派人回衡阳督造火铳。当时何腾蛟和章旷在衡阳募集兵器工匠，简单建了一个兵工厂，专门生产火铳。就是靠着这种火铳，章旷获得了潼溪之战的伟大胜利。这种火铳威力非常大，射程约可达到百米。

从1644年清兵入关以来，清军一路南下，势如破竹。明朝军队往往一触即溃，献城投降者不计其数。与这些人相比，何腾蛟、章旷和堵胤锡等坚决抗敌，尤其是章旷亲自指挥和领导的潼溪大捷，极大地鼓舞了南明志士恢复疆土的信心。

章旷的下一个目标，就是收复岳阳。

为了使岳阳之战兵力充足，何腾蛟又派遣马进忠、王进才、王允成等前往相助，并且告诫他们，一定要听从章旷的指挥。但是王允成、王进才等一到，看到这里还有一些战利品，马上纵兵抢掠财物。

章旷的标兵非常不满地说：我辈拼死力战，这些响马却乘机夺取财物，我们的流血牺牲，原来就是为了满足他们的贪婪欲望。乘着明军内部矛盾和军心涣散，祖大寿和马蛟麟立即反扑，明军溃散，死伤无数。章旷捶胸顿足：“可惜垂成之功，竟为响马所误！”可惜马上就要到手的成功，竟然被这些投降的土匪给破坏掉了。章旷愤恨无比，再度吐血，昏死过去。

三、隆武帝的下落

就在何腾蛟、章旷等与清兵殊死决战之时，坐镇福建的隆武皇帝，因为郑芝龙叛变和何吾驺潜逃而身遭不测。南明第二个王朝，又于瞬间灰飞烟灭。

当时清兵攻占福州，隆武帝逃往汀州。郑芝龙暗通清兵，为清兵引路。隆武只好又逃离汀州，本来打算直接入广东，但考虑到首辅何吾驺领兵在后，隆武不忍舍弃何吾驺，就让手下人等待何吾驺跟上来，然后一起前往广东。但是何吾驺考虑跟隆武在一起目标太大，怕被清兵抓住，于是弃隆武帝不管不问，自己先从小路私下逃跑了。隆武帝等了两天，何吾驺没来，清兵却来了。隆武帝就这样轻易落入了清军的手里！

隆武帝于 1645 年闰六月二十七日被扶登基为帝，1646 年八月二十八日被清军俘获。清军把隆武帝押送到福州杀害了，也有说途中自己死掉了，还有说是流落到中国南部海域的一个小岛上出家当了和尚。

何吾驺却跑到了广州，又与大学士苏观生一起，拥戴隆武帝的弟弟朱聿𨮁称帝，建元绍武。之后，力劝绍武帝和永历帝开战，不做城防，致使清军李成栋部轻易攻占广州，绍武帝被杀。何吾驺被清兵擒获，投降了。

当年抓获隆武帝的清军将领，就是这个李成栋。李成栋，宁夏人，字廷贞，人称李诃子，大约是喜欢叫喊着骂人的意思。少年时随高杰追随李自成，后随高杰降明。高杰死后，李成栋被史可法提升为徐州总兵，不久投降清朝，参与屠杀嘉定反清民众，双手沾满了江东人民的鲜血！之后，随清军进攻江东、福建、广东，为清兵前锋。1646 年任清朝广东提督，又攻灭绍武政权，手上有两条明朝皇帝的命债！李成栋后来又率兵攻打永历，自以为功高盖世，不满功高封小，于 1648 年四月反正归明，迎请永历帝至肇庆。1649 年，出兵江西解救金声桓，战败死。

何吾驺投降清朝以后，又贿赂李成栋，获得李成栋的推荐，做了清朝不小的官员。这期间，何吾驺写了一部书，叫作《顺治私史》，里面有“楚贼何腾蛟，遣张先璧入寇”等话语，完全站在清朝的立场上，把南明的军队当成了贼寇，汉奸的嘴脸显露无余。后来李成栋反正，何吾驺又随李成栋投靠南明永历皇帝，在永历朝中任内阁大臣。李成栋战死以后，广州再度被清军占领，何吾驺携重金逃到海上，不慎落入海中淹死了。

而出卖隆武帝的郑芝龙，就是郑成功的父亲，原本是海盗出身。当郑芝龙准备投降清兵时，郑成功苦劝，郑芝龙不听，郑成功负气出走。郑成功虽然是民族英雄，但他的父亲却是一个十足的民族败类！

郑芝龙降清以后，为清廷效命，后来受清廷之命，以孝道为辞，前往招抚郑成功。郑成功回答说：我既受赐国姓，便是朱家子，不是郑家儿。又说：“父既不为忠臣，又安望我为孝子乎？”意思就是说，您都不是忠臣，还企望我成为孝子。我要是真的成了您的孝子，不就跟您一样，成了叛逆和汉奸了吗？清军见郑芝龙说服不了儿子，已经没有进一步利用的价值，一气之下，就把他给杀掉了。

到了九月底的时候，隆武帝遇难的消息传到了湖南，章旷悲痛欲绝，两日不食，再次吐血。

章旷醒来之后，悲愤地作了一首诗：

才说三年又换年，哭声倒地且呼天。

此身珍重为青史，种得冬青处处烟。

隆武二年（1646），当章旷他们正在准备隆武三年的军事行动的时候，隆武被杀，又要改纪年了。章旷哭天抢地，但是又有什么办法呢？只能珍重自己，努力奋斗，就算不为明朝，也要为历史考虑。将来死了，也要使忠孝之义，像绿色的冬青一样，在寒冷的季节里，薄雾一样的弥散在人世间，给人一种象征性的春的希望和安慰吧！

这才是真正的忠臣！真正的忠臣，不只要为君王和当下的政权考虑，更要为天下苍生和后世历史考虑。就算没有了现实中的效忠对象，依然要对整个民族的历史负责，给未来的人们留下美好的形象和光辉的楷模。如果不这样做，后世就没有了典范，人们就看不见忠诚和正义的榜样，历史就将停滞不前！因为历史，不应该仅仅被看成是人类在时间上的延续，更应当被看作是仁爱的光芒不断扩大地放射，还有正义力量的不断积累和增长。历史虽然不一定被理解为善的力量的增长过程，至少应该被理解为追求善的增长的过程。历史不是人类走向邪恶的路径和过程，虽然历史中充满了黑暗。它要通过人类堕落的印记，提醒人类，警告人类。同时，历史的研究，一定要把历史进程中的真正的光点凸显出来，用以照彻未来人类的心灵，指引他们未来的行动。

船山知道隆武被害，也是数日不食，再作《续悲愤诗》一百韵。1646年秋，船山岳丈陶万梧被乱兵所杀。船山夫人陶氏遭此打击，吐血昏厥。几乎就在同时，船山舅父谭玉卿，也被乱兵杀死了。张献忠占领衡阳时，谭玉卿曾经竭尽全力掩护船山和石崖，使兄弟二人没有被张献忠抓走。船山完全陷入了悲痛和愤恨之中。

十月，船山内弟又被乱兵抓去，陶氏再也承受不起这样的打击，十一月，忧愤痛苦而死，年仅二十五岁。陶氏死后不久，其为船山所生长子王勿药，也因照顾不周，医疗不及而夭折，年仅五岁。陶氏与船山生活十年，处于战乱之时，就没有过过一天安生日子。

第六章　捐躯赴国

一、湘阴失守

永历元年（1647）二月，清将孔有德、耿仲明、尚之信所谓“三王”的部队大举进军湖南。章旷死守湘阴，亲自到新墙和潼溪督战。孔有德几次进攻，都被击退。孔有德命令耿仲明、尚之信、马蛟麟、祖大寿数路轮番强攻，章旷铳兵火药用尽，新墙不守，潼溪也失陷了。章旷一面退守湘阴城，一面传令王允成、王进才马上带兵前来支援，但是两人拒不执行军令，先行逃入长沙去了。

清兵迅速追赶到湘阴城下，湘阴的东、西、北三面都被包围了。章旷端坐湘阴城头，厉声对手下将士说：“城存我存，城亡我亡。湘阴城，我棺材也！”

清兵以重炮轰击湘阴城，城墙被炸塌，情势万分危急。手下将士痛哭着劝说章旷离去：“且留有用之身，再图恢复。”章旷说：“拮据两载，心血用尽。此而不能恢复，更何望哉！”两年来，我们在要粮没粮、要钱没钱、要兵没兵的万分困难的情况下，心血已经用尽了，这样都不能恢复，还有什么希望啊！手下将领说服不了，就强行把章旷拖出湘阴。章旷挣脱不过，拔刀自刎，手下将领早有准备，迅速将刀夺下，连搀带拽，把章旷强行拉走，一路向长沙败退。

何腾蛟正在长沙，章旷一见何腾蛟，紧紧抓住他的手，痛哭着说："相外将内，主弱客强，事势久不可为。全凭公与某一片心血支持两载。湘阴不守，则长沙危在旦夕。长沙亡，则南天一壁从此瓦解矣！"章旷说悍将在朝廷内部，像您这样的相才却在外面征战。这种主弱客强的情况，早已表明没有作为的希望了。全靠我们两个人，披肝沥胆，用尽心血，支撑了两年。现在湘阴失守了，长沙已经危在旦夕，一旦长沙失陷，朝廷仅有的一道防线也就彻底崩溃了。

何腾蛟决定誓死保卫长沙，但不希望章旷同死长沙。于是就对章旷说："公有王佐之才，请珍重此身，以造中兴。"何腾蛟说章旷有佐助君王成就霸业的杰出才能，好好保护自己，留住有用之身，为国家的中兴效力。章旷告诉何腾蛟不用为自己操心，说自己肯定活不过今年，他说自己"梦见蔡道宪请他到官署里去"。蔡道宪与章旷也是最好的朋友，1643 年八月初，为了抵御张献忠，蔡道宪已在长沙殉国了。民间有个说法，梦见死人就是离死不远了。实际上这个说法并没有科学的依据。

章旷之所以这样说，无非就是准备与长沙共存亡。就在这时，两名原来镇守云南的将领胡一青和赵印选，被孙可望击败，从云南逃出，转道江西来到了湖南，正在攸县一带漫无目的地转悠。何腾蛟知道这两位将领一向钦佩章旷，就委托章旷亲自前往调遣，准备把他们带回来，共同守卫长沙。何腾蛟又派人赶赴常德一带，调集马进忠前来加强长沙防卫。

二、长沙沦陷

章旷刚离开长沙一天，还没有走多远，就听说长沙城里乱套了。原来是王允成与何腾蛟亲兵副将姚友兴争抢营房，竟然相互开炮。何腾蛟往返两营之间进行调解，忽然一炮打来，正好从他肩上飞过，把衣领都烧焦了，差点没把何腾蛟打死！王允成见何腾蛟前来劝架，没得到什么便宜，就和王进才一起，在长沙城中大肆抢掠，然后扬长而去。

章旷听到这些消息，不放心何腾蛟，马上又赶回长沙，还没有到达，就听说长沙已经失陷了。之后，清兵攻打沅州，王允成就和偏沅巡抚傅上瑞一同投降清军了。这个傅上瑞，当时是长沙五省联合军政府的重要成员之一，曾经担任过南明的湖南巡抚。

当长沙欲陷之时，何腾蛟准备殉国，后被部将强行架出长沙，向南撤退。1647 年二月二十五日，长沙第一次落入清军手中。章旷只得绕开长沙，准备守住湘潭，命令王进才前来助守，王进才不听。章旷无奈只得继续向南撤退，清兵一路尾随。章旷边打边撤，走到南岳的时候，只剩下五六十人，而清兵前锋已经赶上来了。当此千钧一发之际，章旷手下副将满大壮厉声说："总督先行，某来断后。今生不复相见矣！"满大壮转身率领手下仅剩三十余人杀入敌阵，一人斩杀数十个清兵，之后，被清兵乱枪刺死。

章旷没有办法，泪流满面地被身边仅剩的十余个亲兵连拉带扯向南败退。终于到了衡阳。此时何腾蛟已在衡阳，章旷握着何腾蛟的手，泣不成声："长沙不溃，旷犹得婴城死战，今湖南瓦裂，何以谢百姓两年来剜髓供输也！""婴城死战"，就是以长沙城为屏障，据守长沙与清军作殊死决战的意思。"剜髓供输"就是把骨髓都挖出来，当作赋税奉献给复兴明朝的事业了。章旷说完，放声痛哭。

湖南人民当时为了南明军队，真如章旷所说，可谓“剜髓供输”了。而像章旷这样，心存苍生苦难，体会百姓艰难的官员，在当时南明政权中，真是太少见、太少见了！

三、刘铁棍劫驾

因为长沙失守，清兵前锋很快指向衡阳，就在这万分危难之际，永历皇帝却又被驻守武冈的明将刘承胤挟持到了武冈。刘承胤，南京人，外号刘铁棍，原本就是一名无赖，因为有些体力，投军参与平定南方少数民族起义，得功晋级。崇祯末年，刘承胤已升任驻守湖南武冈的明朝副总兵。隆武朝时无功加封武冈伯，负责镇守宝庆，就是邵阳。何腾蛟来到湖南组织临时军政府，招刘承胤入见，升他为总兵官。其人桀骜不驯，何腾蛟让他出兵赶赴岳阳前线，他拒不听从调遣，转身回到武冈。

1647 年二月，永历帝从广东逃到广西全州，刘承胤从武冈带兵入见，并顺势把永历帝劫持到了武冈。刘承胤自封武冈侯，从永历手中索要了尚方宝剑，又封自己的弟弟为武冈伯，把皇帝牢牢掌控在了自己的手上。

何腾蛟虽然受密诏前往武冈救驾，但是当时刘承胤已经全部控制了朝廷，并且准备收缴何腾蛟的兵权。何腾蛟无法实施救主计划，危急中与永历密商：如果我在外面，刘承胤惧怕我联合诸路兵讨伐他，就不会对您太过分；我要是也被困在这里，反而受制于刘承胤，他就会肆无忌惮。永历皇帝答应何腾蛟先离开武冈。何腾蛟逃离武冈，回到衡阳继续筹划救主事宜。可是就在这时，孔有德的清兵进攻武冈，刘承胤本打算把永历帝一起交给清兵，但因一时慌乱，让永历逃跑了，于是就带领自己的手下五万人左右投降了清军。投降清军以后，刘承胤给清军出主意，让清兵到贵州黎平，将何腾蛟一家百余口全部擒获杀戮。

刘承胤手下有一个叫陈友龙的将领，他对清军反复无常，一会儿投降，一会儿又攻打清兵。清军移怒于刘承胤，把他和他的全家还有四五万降兵全部杀掉了。刘承胤终于结束了自己作恶多端的一生，真是善有善报，恶有恶报。

四、不死的孤忠

清兵听说何腾蛟和章旷在衡阳一带，以为杀此二人，江南可定。于是举大兵前往衡阳。何腾蛟赶赴广西督促援兵，章旷身边只有不足一千人马，退守东安。东安城小，民众也已逃亡得所剩无几，粮饷无法接济，章旷又转到永州。但永州也早已被洗劫一空，哪有粮草！

章旷忧心忡忡，病情日渐加重。但他依然坚持主持军务，“指顾山河还在手，宁辞病骨炼风霜”。章旷知道自己将不久于人世，于是将所有军务托付给手下的忠智之士蒙正发，并寄诗给蒙正发：“血为水火心作炉，熔铸湖南土一块。指心誓日与子期，死报君恩身不爱。”把自己的心灵当作熔炉，又将热血当作燃料，将自己放在里面熔炼，就是要浇铸湖南这块土地。章旷拍着良心、对着太阳发誓：坚决以死报效君王，早已把生死置之度外了。蒙正发哭劝章旷保养身体，章旷说：“人以身病为病，我以国病为病。但得粮饷不竭，兵士鼓锐东下，身自霍然矣。”我不像别人一样，担心自己身体的病变，我最忧心的是国家的危难。只要粮饷充足，全体将士鼓荡锐气，长驱东下，恢复江南，我的病自然就好了。

八月初七日，章旷再度吐血数升，与蒙正发等作别说："感足下三载共事，有如形影。无如鬼伯催促，幽明千古。"章旷感激蒙正发追随自己三年，形影相随，共谋国家复兴大计。无奈鬼伯前来追索性命，从此你在阳间，我赴黄泉，再也不能一起共事了。蒙正发听罢，痛哭失声。章旷厉声说："吾以祖士雅、刘越石望子，奈何效儿女态，作哀哀断肠声耶！"祖士雅就是祖逖，刘越石就是刘琨，两人都是西晋末人。西晋被匈奴攻灭以后，两人努力复兴祖国，未能成功，后来都为国献身了。章旷希望蒙正发像祖逖和刘琨一样坚强刚毅，不希望他像女人和小孩子一样，只是哭泣。隔了一会儿，章旷感觉支撑不住了，于是连呼三声"圣上何在"！气绝身亡，年仅三十六岁。

全军将士闻章旷死讯，撞地号天，哭成一片，好像死了自己的亲爹娘一般。数日后，何腾蛟前来致祭，扶着章旷的灵床，号哭动天。何腾蛟历数章旷"振军声于菜色之时，复残疆于桑榆之日"。当时将士上顿不接下顿，经常靠野菜充饥糊口，所以都面带菜色，而明朝已经如同落日一样，只是残晖未尽。在这样的时候，章旷还能振奋军心，收复失地，是何等的艰难，又是何等的英雄伟略呀！何腾蛟称赞章旷如诸葛孔明一样，鞠躬尽瘁，死而后已。

船山在《永历实录》中说，章旷与何腾蛟联手，"身履下湘危疆，独当门户之冲。练兵于万难练之时，筹饷于无可筹之地。事事艰难，刻刻拮据"，忠勤劳绩，尽瘁而死。"垂千秋之生气，留不死之孤忠。"章旷与何腾蛟联手抗敌是什么时候？

练兵，哪有工夫和条件？筹饷，老百姓早被抢光了，自己活命都顾不及，哪里去筹饷？处处艰难，时时困窘，既无兵马又无钱粮。就在这样的情况下，章旷负责全军粮饷，还要亲自督兵作战，辛苦和艰难那就不用说了。但是章旷还是坚持把这些事情处理得相当妥善，真是太不容易了！船山称赞章旷，说千秋以后，人们依然还会感受到他的凛凛生气和耿耿忠心，章旷一定会传流后世，永远不会被忘记！

章旷（1612—1647），字于野，号峨山，直隶华亭（今属上海）人。1636 年应天府乡试第一名举人，赐同进士出身。船山说他为人“义气高迈”，不拘小节，倜傥而又神智警敏。就是说他胸有大志而又反应敏锐，判断问题准确，能及时拿出有效的应对措施。何腾蛟最看重章旷，为了经略湖南、湖北，上奏请他做自己的监军。并与章旷、堵胤锡一道共同筹建湖广、桂、云、贵、川临时军政府。

何腾蛟曾向朝廷推荐章旷说：自己督抚残败的湖南、湖北，竟无一人可用。“唯得一章旷者，为有生人之气！”就是说，在整个湖南、湖北的官场和军界中，只有章旷是个活人，其他都如同行尸走肉。相比章旷的胸怀大志、满腔忠义和勤于思考，这些人却只知道争权夺利和吃喝玩乐，对国家民族一点责任意识没有，对生民的苦难也毫无切肤之感。这些人脑中空空，眼里茫茫，只有权力和利益才会使他们睁大眼睛，贪赃枉法、搜刮民财、尔虞我诈、苟且偷生，每日意志消沉，昏昏欲睡，死气沉沉。这些行尸走肉们，真可谓虽生如死，是一堆地地道道的活死人！

何腾蛟倚重章旷并仰赖章旷。章旷善于筹措军饷，否则湖南、湖北的情况就会更差、更糟。章旷有孔明之才，兼以孔明之忠勤，可惜命不假人，生当无可为之末世，统辖不可治之降军，虽拼尽浑身解数，终于无补于事。所幸病死军中，而没有像何腾蛟一样落入敌手，生虽不得行其道，死却并未遭其辱。

船山曾经帮助章旷谋划军事和筹措粮饷等。当堵胤锡与何腾蛟发生矛盾的时候，船山还写信给章旷，希望引起他的重视，并从中周旋调节。章旷当时粗心，以为不会有很大问题。不久之后，因为双方不能协调，致使湖南、湖北一时间溃不成军，所得之地，尽数丢失，形势愈发不可收拾。其实章旷本来也无奈于此，就是解劝也不会起到有效的作用。就算何腾蛟与堵胤锡一点矛盾没有，他们手下的降兵悍将还是会互相攻杀，他们同样没有办法。

章旷尽瘁而死的时候，他的身份是太仆寺卿、兵部右侍郎、湖北巡抚兼南明全军粮草总督、都察院右副都御史。

章旷是船山科举考试的分房阅卷老师，也是船山志同道合的密友。当年船山一出考场，就被章旷引为知己，大约是考卷中表露了强烈的忠义之气，所以被章旷看重，章旷拉他一起，准备与他共赴国家危难。

船山对章旷感情极深，如果把船山的友人按照与他心灵相知的程度排列的话，章旷绝对是第一位的。章旷在船山心目中的地位，是其他友人所无法替代的。章旷之死，给船山心灵造成了永久性的、无法补救的创伤。直到1675年，船山为躲避吴三桂叛乱来到湘阴时，还在船上追哭章旷："残烟古堞接湖平，认是湖南第一城。云闪灵旗魂四索，波摇旅梦月三更。愁中孤掌群眉妒，身后伤心九庙倾。……"

船山乘船行驶到湘阴，看到古墙边上残砖碎瓦，认出了是当年章旷指挥潼溪大战的遗址，章旷曾经在临时指挥部的厅堂柱子上大书一副对联：“帐下若干同死士，湖南第一大明城。”可是现在呢？当年的“湖南第一大明城”，已经化作一地的残砖瓦砾，无虑的云朵轻柔地在天上飘来飘去，那不是章旷的灵旗吧？船山向四周望去，哪有老师章旷的影子？船山在船上睡着了，夜里又梦见了老师还在指挥将士、英勇地奋战在沙场之上。章旷满含报国激情，胸怀救世理想，却遭受小人嫉妒，尽管如此，他在临终前仍然挂怀君国的安危。可是他死了以后，眼见着国家就这样一天天地败亡了……

想到这些，船山无比伤心，无比愤懑！

第七章　书生举义

一、五雷轰顶

船山最尊敬的老师和最亲密的朋友章旷，为了明朝的恢复大业，鞠躬尽瘁，病死在军中了。这是1647年八月的事情，当时船山正在湘乡躲避战乱。如果在衡阳，他一定会不顾一切地去看望老师。

1647年四月，永历帝被刘承胤挟持到湖南武冈时，船山正与友人夏汝弼在湘乡躲避战乱，不了解真实情况，两人一同前往武冈投奔永历，因为连日大雨，被阻隔在湘乡县的车架山，没能到达武冈。

这一年，船山一家灾祸连连，春末，船山长子王勿药夭折。六月五日，船山小叔王家聘病故于家中。八月十四日，船山二哥王参之病死。参之本来身体极差，加以连年躲避战乱，休养治疗都无从谈起，所以三十几岁就死掉了。十月，船山二叔王廷聘病逝。几天之后，二婶吴氏也忧伤地过世了。

而船山父亲王朝聘，此时也已病重不堪。当时船山与长兄石崖都在外面躲避战乱，王朝聘派人捎信给两兄弟，告诉他们家里情况危险，千万不要回来，以免遭受不测。但是船山兄弟得知家中连丧亲人，没有听从父亲的劝告，急急忙忙赶回衡阳家中。王朝聘害怕两个儿子出意外，强撑病体，带着两兄弟一起，逃往南岳峰顶躲避。山路崎岖，一路艰辛跋涉，终于到了山顶，王朝聘再也支撑不住了。临终前，王朝聘嘱咐两兄弟，把自己埋葬在莲花峰旁边，不要抬着棺材从清军占领的城市经过，免得熏染腥臊之气，以便死后能留下干净的躯体。这完全是理学家的气概与心态，表明了船山父亲的高贵民族气节。船山在这一点上，和他的父亲同样坚定。

1647年十一月十八日，船山父亲王朝聘病逝于南岳峰顶。船山当时的感觉，真如五雷轰顶，万箭攒心，就像是末日来临了一样，半年之内连丧六位至亲。船山悲愤交加，同时又怒火中烧，在衡山为父亲守丧。船山一边守丧一边忍耐着，等待爆发的时机！

二、投笔挥刀

爆发的时机终于到来了。1648年十月，占领衡阳的清兵留下数百人守卫，其余各部又去追击南明其他部队去了。船山与好友管嗣裘、李国相、夏汝为等，抓紧这个时机，经过短暂谋划，招募数百名义勇，在湖南衡阳举兵抗清，准备收复衡阳。

这次衡阳起兵的总指挥是管嗣裘，目标是攻占衡阳城。清军派遣从湘潭临时招募来的数百名无赖由湘潭人尹长民率领前往救援，城中清军数百人杀出，船山等两面受敌，被包围在衡阳城外。管嗣裘、李国相和船山等弃笔操刀，奋臂杀敌，敌众我寡，形势危急。李国相以残臂挥刃，杀敌不少，其子被生擒。正在李国相被围困之时，堵胤锡指挥的一小股部队，一路奔逃，正从这里经过。清兵误以为对手来了援兵，纷纷逃窜。李国相的儿子因此拣回一条性命。船山与管嗣裘则乘机出逃广东。要不是堵胤锡手下这支部队的意外到来，王船山这次肯定没命了！

这次衡阳起义，主要是几家人联合起义，损失十分惨重。管嗣裘的损失最为惨重，除了一个儿子逃脱外，全家殉难，他的儿子流落民间，后被夏汝弼救养。船山的儿子王还有李国相的家人等，也都被夏汝弼搜救藏匿起来。夏汝弼虽然因为母丧没有直接参加战斗，但却全力保护参战者的家属，救护四十余人，减少了这次起义的损失。

有关这次衡阳起兵的情况，一般研究船山的人大多只是说，“耒阳有朱氏宗族起事，船山与管嗣裘起兵应”，其实这个说法根本靠不住。

根据船山的回忆，这次衡阳起兵是船山父亲王朝聘临终所主使，船山既“忠肝义胆”（高汇旃的评价），不畏强敌，身赴国难，同时也是遵照父亲的遗命而起事。

说耒阳明朝宗室起兵，也不符合事实。根据船山《箨史》的记载，本来是耒阳民众起义，起兵者是耒阳士人谢焻和龙尚可等。当时大冶人周师文，时任南明职方主事，也加入军中。他本来想去耒阳召集起兵，结果耒阳兵先起。起兵之后，为了召集方便，才把一个明朝的宗室叫作朱蕴金的人找来，作为旗帜，推他做了这次起义的巡抚和监军。

周师文直接参加战斗，英勇无敌，获得了一次小小的胜利。这时，衡阳管嗣裘和船山等正在遭受围困，周师文听说以后，准备挥师进衡阳救援。当他冲进敌阵之时，朱蕴金却在后面摇动红旗，命令士兵射死周师文，说他叛变了，跑到敌人的营垒里去了。于是全军混乱，由胜转败。

周师文从敌阵退出，士兵们都知道他没有叛变，所以没有向他射箭。周师文问朱蕴金说：“是你下令让他们射我吗？”朱蕴金却谎称说：“我怕你陷入敌阵太深，被他们杀害，所以就以这种玩笑的方式呼唤你回来。”

朱蕴金把筹军用的全部经费据为己有，供自己花天酒地，同时还抢男霸女，甚至把属下的妻妾都强行占有，致使军心离散，很快兵败逃跑。这就是明朝的宗室。当时永历朝廷内的情况也好不了多少，朝廷中的官员以派系为封疆，互相争斗；在外的军队却打着恢复的旗号，烧杀抢掠，真正有心恢复疆土的文武官员实在不多。难怪夏汝弼说“永历朝还不如贼寇和清朝”！周师文无奈，只得离开耒阳，援救衡阳一事也就就此作罢。船山等这次起兵衡阳，前后一月有余。到十一月中旬前后，最后失败。

衡阳起义失败以后，船山战友们的结局如何呢？

管嗣裘，字冶仲，衡阳人，船山同年举人。衡阳起兵失败后，与船山同在永历朝廷任行人司行人，为了营救金堡等，与船山一同请求严起恒面奏廷争。永历四年（1650），桂林被清兵攻陷，瞿式耜死难。丁时魁降清，欲寻刘湘客、管嗣裘同降。管嗣裘逃入深山，与刘远生、刘湘客等隐居山中，采野菜为食。永历六年（1652）七月，李定国重新夺得桂林，管嗣裘等被李定国请出。管嗣裘与刘湘客等劝李定国与孙可望决裂，专心拥戴永历。大约李定国觉得惩处孙可望的时机还不成熟，所以也就没有当即允诺。管嗣裘无望，离开李定国，又逃入山中，不久饿死在深山之中。

夏汝弼，字叔直，衡阳人，也是船山同年举人。夏汝弼因为保护起义者家属被追捕，逃入山中，1650 年也饿死在山中了，竟然连后人都没有留下。其兄夏汝为也因战乱早卒，同样没有留下后人。

李国相则继续隐居衡山斗岭，以种植桃花为务，称桃坞先生，一直活到病逝。

根据以上情况判断，船山与管嗣裘、李国相、夏汝弼这次衡阳举兵，不是简单地响应耒阳义兵的问题，而是早有预谋的。这几个人都是崇祯壬午，也就是1642年武昌乡试的同科举人。他们既是同学又是同乡，关系极其密切，商议起事时，并没有考虑耒阳的情况，所以这次起兵衡阳，是四人共同谋划的，还有船山父亲临终前的指使。即便耒阳没有起事，衡阳也一定会起事。也就是说，这次衡阳起兵，并不是为了响应耒阳的起兵，而是与耒阳士子合谋同时起兵。

同时，耒阳的起兵，也根本不是明朝宗室朱蕴金所领导的，他只是被借用来做旗号，以方便招徕兵众。朱蕴金不仅不是这次起义的发动者，反而是这次起义的破坏者，是他的贪婪和嫉妒，导致了这次起义的最终失败。

起义失败以后，船山来到广东肇庆，瞿式耜将船山举荐给永历帝，永历准备授官给船山。船山以父亲丧期未满为理由，谢绝出任官职。朝廷因为船山起兵抗清的勇敢和遵守孝道的诚心，下了一道特别的诏旨褒奖船山，称船山：“骨性松坚！”

三、何督师湘水捐躯

1648年正月，已经投降清军的江西金声桓和王得仁联手反正，约何腾蛟相助，推腾蛟为盟主，共同起兵收复江西等地。

金声桓出身陕北农民军，外号“一斗米”，也叫“一斗粟”，后投降明朝，隶属左良玉部，随左梦庚降清，与王得仁一道，为清兵占领整个江西。

王得仁，因为腮边黑痣上长有几根杂色的长毛而被人起了个外号叫作王杂毛。原为李自成部将王体忠手下将领，1645 年与王体忠一同降清。不久，他杀死王体忠，自领其军，一路屠杀进入江西，以为功高封少，对清廷不满，鼓动金声桓在江西一同举兵反正。

金声桓反正时，有精兵三四万，王得仁有精兵六七万，两人加一起，有十万余众。

何腾蛟得到这个消息，欣喜若狂，马上率军出广西，大小三十余战，攻占全州、永州和衡阳、湘潭等地。堵胤锡也指令马进忠出兵，占领了常德。当时，忠贞营与马进忠等都云集湘潭附近，马进忠一向与忠贞营不和，生怕自己被忠贞营吞并，引兵驻扎在湘乡，同时派人向何腾蛟告急。何腾蛟率标兵下吏共计才三十人，乘轻舟从衡阳来到湘潭，堵胤锡也来到湘潭调解。何、堵二人商定，忠贞营由堵胤锡率领进军江西，接应金声桓和王得仁；何腾蛟率马进忠、张光翠、牛万才等，负责进攻长沙。堵胤锡刚刚离开，清军听说湖南尽失，大为恼火，八旗兵突然反扑，进据湘潭。何腾蛟猝不及防，马进忠当时还在湘乡，湘潭只有何腾蛟所带标兵三十人，何腾蛟就这样被清军俘获了。

清兵多次劝说何腾蛟投降，何腾蛟不为所动，被清兵杀害于湘潭大埠桥下。有投降清军的何腾蛟部下，偷回何腾蛟尸体，掩埋于附近。

何腾蛟的坟墓就在望衡亭下不远处，今天叫作“陶公山”

的一个小山包上。因为山上有晋代明贤陶侃的衣冠冢，所以叫作“陶公山”。何腾蛟的墓地，就在陶侃衣冠冢东边一米远的位置上。

因为何腾蛟在湘潭殉国，永历帝追封何腾蛟为中湘王，谥文忠。

何腾蛟捐国之后不久，永历皇帝在广东肇庆市的天宁寺里，设坛祭祀何腾蛟，仪式的主持人，就是章旷的行军参谋蒙正发。何腾蛟身任南明湘、鄂、桂、云、贵、川督师，辛苦筹划，艰难作为。虽有匡复之心，但不逢匡复时运。呜呼哀哉！就这样轻易殉国了。

据说何腾蛟在被活捉以后，清兵为了劝说何腾蛟投降，并没有直接把他杀掉，而是将他幽困在唐兴寺里，而何腾蛟则用绝食的方式表示不降的决心。何腾蛟绝食到第四天的时候，感觉口渴难耐，于是请求唐兴寺的僧人去易俗河（南明人都称一宿河，不知为什么。其实这条河在南宋时就称为易俗河。大约是湖南土话“易俗”和“一宿”同音所导致。）打水来喝。僧人说，下面就是湘江，何必去一宿河取水？何腾蛟说：“此间水已染腥秽，岂可污我冰玉肺肠。一宿河尚从明土流出，故堪饮耳。”这里的易俗河，不是指今天湘潭县县治所在地，而是湘江在湘潭的一条支流。僧人取水回来，何腾蛟一饮而尽。

另据传说，清兵幽困何腾蛟的住地附近有一眼古井，平时根本没水，何腾蛟一来，则水满鱼出，何腾蛟死了以后，又变成一口枯井。

何腾蛟忠勇不二，忘身弃家。在他主持长沙防务时，清兵入贵州黎平，将其全家老少百余口全部擒杀，身边仅剩一子何文瑞，后被永历帝用为佥都御史。永历四年（1650）十一月，清兵攻破桂林，也以身捐国了。

尽瘁未能时已逝，年年鹃血染宗周。

这是何腾蛟留给后世的绝笔诗，表达了自己不能恢复南明的遗憾和至死不渝的民族气节。

1675年，为了表彰为明朝捐躯的明朝大臣，清康熙皇帝下令，赐谥何腾蛟“忠烈”，乡人为何腾蛟建祠堂于唐兴寺之侧，并立碑以示纪念。

何腾蛟、堵胤锡和章旷，是南明抗清前线最有影响力的人物。章旷和何腾蛟死后，湖南抗清的长城就此崩塌，堵胤锡独臂难撑大局，湖南真像瓦裂和砖碎了一般，再也收拾不起来了。

四、堵抚军苍梧殒命

与何腾蛟在湘潭分手之后，堵胤锡率忠贞营赶赴江西支援金声桓和王得仁。但是忠贞营根本不听号令，支援江西一事因此落空。金声桓和王得仁在没有增援的情况下，很快被清军击败，两人双双自杀而死。堵胤锡见忠贞营不听号令，于是只得退回湖南。之后，奉命率忠贞营再出湖南，虽有小胜，但终于抵不住清兵大举进攻，败退到郴州，然后翻越南岭回到广西梧州行在。行在就是皇帝行动中的暂时居住地。

堵胤锡回到广西行在以后，因为不了解朝廷的实际情况，被悍帅陈邦傅和内阁王化澄等所迷惑，与王化澄和陈邦傅等一同请求封孙可望为王。船山认为，这是因为堵胤锡不了解朝廷内部的党争情况，糊里糊涂地上了坏人的当。

1649年八月，堵胤锡来到康州，就是今天广东省的德庆县，船山特意和管嗣裘前往看望，几个人在一起小饮一次，而后分手。1649年十一月，堵胤锡抑郁死在桂林，后被永历帝赐谥文襄。

堵胤锡（1601—1649），字仲缄，号牧游，江苏宜兴人。1633年南京乡试举人，赐进士出身。何腾蛟来湖南，告知左良玉已经反叛。于是就和何腾蛟等一起开赴长沙，共同谋划恢复疆土等事宜。永历初，升任兵部尚书、东阁大学士。

有关何腾蛟和堵胤锡，船山先生在《永历实录》中有过如下的评价："腾蛟仁爱有理，而雄断不足。""胤锡忠直磊落，负有为之志，非腾蛟所及。而轻信自恃，专意刑赏，屡启偾败，腾蛟亦轻之。交相猜薄，以启于败亡，各有以也。"就是说，何腾蛟仁慈有余，而刚毅果断不足。堵胤锡比何腾蛟在这点上要强很多，但是堵胤锡也有自己的毛病，喜欢轻信，又习惯专断。所以湖南战局最后的失败，两人性格上的缺陷也是其中的重要原因。

船山这个评价被后来的史家称为"持平之论"。船山与堵胤锡交情较深，曾经陪堵胤锡下过围棋，要输棋时，堵胤锡经常悔棋，一悔就是十余步。船山后来在蒙正发所著《三湘从事录》的序文中说："当时残山剩水，能有几十数子之可易乎？"意思就是说，当时的严酷形势，哪有悔棋的机会和可能？

依我看来，何腾蛟、堵胤锡和章旷三人，是堵不及何，何不及章。章有旷世之才，又有雄心大志，勇敢果决，加以脚踏实地的精神，若使章为首，情况可能会更好些。当然恢复仍然是不可指望的，因为南明已腐坏不堪，不足以也不可能再有天下了。

船山说堵胤锡文笔清亮，曾作过十首军歌，让军中传唱，以鼓舞士气。从《风晾晒》《雨浆洗》《报疟疾》等歌名，能够看出当时军队生活的艰苦；《笔先锋》和《口打仗》，显然是讲军队中文化宣传的重要性；而《月家乡》《马儿女》和《血筵席》等，大约是用来鼓励杀敌和表达兵士们夜里行军以及平时马上生活的场景。

章旷、何腾蛟、堵胤锡，为数不多的几个忠臣义士，为垂死挣扎的明朝增添了一抹晚霞般难得的亮丽。而放眼这个苟延残喘的王朝内部，还在为了争权夺利，进行着你死我活的残忍争斗。1649 年，王船山历经艰苦，辗转来到永历王朝所在的广西桂林，准备为祖国的复兴，尽一份可能的力量。然而，即将发生的一切，不仅令他灰心丧气，还险些使他丢掉了性命。

第八章　在行人司里任职

一、“五虎”的由来

1649年春，船山从肇庆经梧州到达桂林。此时家乡衡阳已落入清兵手中。六月，船山偷偷潜回家中侍奉老母。夜遭土匪抢劫，险些丧命。在母亲劝说下，离开衡阳，再度翻越南岭，到达广东肇庆。船山虽然因为服丧未满，没有直接出仕为官，但此后直至出任行人，一直跟随永历王朝，奔走在肇庆、桂林之间。

南明永历四年（1650），即清顺治七年，船山三十二岁，在广西桂林。二月，续娶郑氏，而后偕夫人一同赶往广西梧州，就任南明行人司行人。

明代设立行人司，用来传递朝廷旨意等，设司正一人，就是行人司主管，正七品；左右司副各一人，从七品；以下又有行人四十余位，正八品。过去有一出戏，叫作《七品芝麻官》，船山先生这个官更小，比县令还小，才八品。大约相当于今天的科长之类，而且又是在南明这样一个小朝廷内，领地狭小又朝不保夕，随时都会被人夺去。

船山是理学培养出来的优秀士大夫，从来不把利益放在眼里。当此国家民族危难之际，船山心里只想着恢复大明江山，心里根本没有官大官小的私心杂念！仅从这一点看来，王船山绝不同于明朝内部的贪官们，他以一个清白之身，怀着清白之心，进入官场，心里只想着国家和民族的复兴。

船山一进永历朝，马上就陷入党争的漩涡，为了营救五虎谏官、替内阁严起恒辩诬，几乎命丧朝廷。

当时在南明永历朝内部，内阁王化澄专权，联合悍将陈邦傅，加上锦衣卫使严云从、马吉翔，还有宦官夏国祥等一道，陷害朝内贤良，而金堡、刘湘客、蒙正发、丁时魁和袁彭年等，尤其是前四人，出于正义和勇敢，不顾身微言轻，不断出来弹劾奸佞，制止冗烂与不法等，于是就被这些人视为眼中钉、肉中刺，称他们为“五虎”，必欲铲除而后快。

虎皮刘湘客

五虎中刘湘客入永历朝时间最早，他从隆武朝转来，隆武皇帝被杀，刘湘客逃来广东，参与了拥戴永历为帝的过程，是永历朝最初的朝臣之一。

刘湘客，字客生，号端星，陕西人。喜与天下有志节、有才华的士大夫相交往。崇祯中，躲避战乱，来到江西投靠兄长刘远生。后随刘远生入广东，以三秦人望，被荐于朝。为翰林院编修，任讲官。永历至全州时，刘承胤从武冈带兵入见，锦衣卫使马吉翔和严云从见外帅带兵来，想引为外援，于是前往谄媚。刘承胤奏请封赏马吉翔和严云从等为伯爵，好给自己做内应。

严云从的曾祖父大贪官严世蕃，是明代著名的奸相严嵩的儿子。御史毛寿登坚决反对刘承胤的提议，上疏抗争，说严云从无一尺之功，如此连升五等，如何使天下人心服，又如何安慰奋战在外的将士？

严云从和马吉翔勾结太监王坤，让他告诉刘承胤，说毛寿登的奏章是刘湘客起草的，还说刘湘客说他刘承胤是董卓和曹操。刘承胤非常气恼，就上奏说刘湘客与给事中万六吉、毛寿登还有御史吴德操结成党羽，号称“四虎”，把持朝政，裁抑功臣。并且矫太后诏把四人捆绑起来，准备使用廷杖。众臣跪求而不免。这时，刘承胤自己又装作解救的样子前往求情，圣旨下，免打免官。刘湘客等就这样被罢免了。

各位可能会在心里发问，他们矫诏殴打朝廷命官，而且就在朝廷之上，皇帝怎么会允许？他们真拿到了圣旨，拿到了皇太后，就是永历的老娘的口谕。马吉翔和严云从，作为锦衣卫使，因为职业的便利，整天围着皇帝和太后团团转。两人一直保持着与皇太后、皇后等极其密切的关系，就像清朝的宦官李莲英和安德海跟慈禧太后的关系差不多。刘湘客等被贬之后，刘承胤就把永历帝劫持到了湖南武冈，真的做起董卓、曹操来了，而且不久投降了清兵。

由此看来，“五虎”之名未成之前，已经先有“四虎”的说法了，而且只有刘湘客，后来又成了“五虎”之一，真是一“虎”到底，虎透气了。

后来永历帝从武冈逃到广西，严云从因为一直跟随永历，以为自己功高盖世，于是乘机奏请封赏自己的高祖父严嵩和曾祖父严世蕃，想推翻历史的旧案。永历还真把他的要求交给朝臣会议讨论。讨论结果，朝臣一致认为：严嵩父子，是有明一代奸臣之首，死后百年之内，仍然不为公论所容。就算严云从像郭子仪和李光弼一样，有再造唐室的功劳，历史的旧案也不能翻转！如果为严嵩和严世蕃翻案，就等于蔑视和毁弃开国以来的宪法！严云从露骨的私欲，因此没有得逞。

马吉翔和严云从就是这种不知羞耻的人！永历帝就是这样一个混沌无比的糊涂虫！

虎尾丁时魁

丁时魁（？—1651），字斗生，湖北江夏（今武昌）人。崇祯庚辰（1640）进士，授礼部主事，逢丧归家。1645 年入隆武朝，授礼科给事中，奉旨劳军湖南，长沙陷落，逃到沅州，不久沅州又被清军攻占，又到靖州躲避。隆武灭亡后，前往桂林，在永历朝中任吏科给事中。上书永历，提出救亡八策，最主要的就是强调朝廷要严格赏罚，以使皇帝的威权受到重视，增强朝廷的威信，使边镇将领听命于朝廷。后永历帝逃往南宁，丁时魁留在桂林，与瞿式耜友善。李成栋反正以后，迎永历帝赴肇庆，丁时魁奉命陪同皇帝，再入行在。

虎爪蒙正发

蒙正发（1617—1679），字圣功，湖北崇阳人。1643 年，李自成大会农民军于湖北襄阳，张献忠则占领武昌，湖北遍地烽烟。蒙正发召集家乡义勇守城，抗御张献忠。弘光初，清兵进军湖北，占领崇阳。蒙正发又召集义士起兵抗清，收复崇阳。清兵大军复来，战败逃往湖南，依何腾蛟。章旷欣赏他的忠义与智勇兼备，调用为监军，守湘乡，颇有战功，是潼溪大捷的前线主要指挥者之一。潼溪之战以后，被章旷催促往衡阳参加永历朝的科举考试，中举人。章旷兵败赴衡阳，再从章旷为幕府。章旷临终前，荐举他为湖北巡抚，被朝廷所阻，另外派遣吴晋锡充任了湖北巡抚。而这位新任湖北巡抚，还没等走到湖北，就在中途投降清军了。蒙正发被何腾蛟举荐入朝，做了户科给事中。此时已是永历三年（1649）正月。不久何腾蛟殉国，永历三年八月十日，永历帝设坛祭祀何腾蛟，蒙正发是仪式主持人。尽管如此，到最后也只是个正八品的官员。

虎牙金堡

“五虎”中最重要的人物，是被称为虎牙的金堡。

金堡（1614—1680），字卫公，号道隐，浙江仁和人，崇祯庚辰（1640）进士。先任山东临清知县，有政声。弘光元年（1645），曾在杭州起兵抗清，失败后入福建，供职隆武朝，为礼科给事中。上疏称郑芝龙拥兵自重，无恢复之志，无人臣之礼，不可仰仗。隆武灭，转道广东入湖南沅州，沅州陷，躲避黔阳山中。永历二年（1648）出山赴桂林，为瞿式耜所重，因瞿式耜举荐被永历帝召见。上疏称：“今日之大患，莫甚于阃外不知有朝廷，而朝廷复以匪人持政柄”，致使朝廷之外兵将横行无忌，从而更加轻视朝廷。奏中称马吉翔跟随圣驾有功，可以奖赏，但不应让他参与朝政等等。马吉翔赶紧向皇后和皇太后诉冤，说金堡危言耸听，应当惩治。永历马上召见内阁朱天麟，问金堡何许人也？朱天麟回答说：金堡在隆武朝中任给事中，有直声，曾上疏参郑芝龙，隆武很信重。永历听后很生气，问朱天麟说：“卿（以）为郑芝龙可参耶？当参耶？”永历的愚蠢，由此一问可知。

永历之所以生气，主要还是因为金堡的奏章中提到了不要让马吉翔等参政一事。朱天麟领会永历的意思，于是奉旨起草敕令，严责金堡，责令金堡初来乍到，安静供职，勿得生事！

因为永历朝建立以后，还没有人敢于直接上这样的折子，加上皇上大怒严责，所以满朝哗然，以金堡为狂躁。金堡是急了一些，但确实没有个人企图，只是希望振兴朝廷。既然受到圣旨严责，朝廷中几乎没有人敢跟金堡相往来，只有刘湘客和丁时魁与金堡稍微走得近一些。

虎头袁彭年

永历二年（1648）正月，江西金声桓反正，四月，广东李成栋反正。李成栋这次反正，主要策划者就是“五虎”之一的袁彭年和李成栋的养子李元胤。李元胤在李成栋降清时，就耿耿于怀，十分不情愿。等到金声桓反正，就借机把袁彭年找来，两人一同劝说李成栋，终于使李成栋下了反正的决心。

袁彭年，字介眉，号特邱，湖北公安人，袁中道之子。袁中道是名气不小的文学家，“公安三袁”之一。袁彭年是万历丙辰（1616）进士，授礼部郎中。弘光朝任礼科给事中，弘光灭亡以后，以原官仕隆武朝，清兵下福建，降清。李成栋因为他有才智，举荐为清朝的广东提学副使。因为劝说李成栋反正有功，被永历朝任命为左都御史。而金堡、刘湘客、丁时魁此时已在朝廷。永历三年（1649）正月，蒙正发受何腾蛟荐举入朝，“五虎”至此聚齐朝廷。

袁彭年利用李元胤见识短浅和手握重兵的势力，乘着李成栋带兵进江西的空隙，以反正第一功臣自居，企图控制朝廷。因为金声桓和李成栋的反正，永历朝得了两省之地，加以何腾蛟出师救应，湖南一省除长沙和岳阳以外，也基本拿到手中，形势一时间看好，所以很多人都来投靠永历朝廷。当时从各路来投靠南明的各色人等，很多都怀有侥幸心理，又听说清朝接受明朝投降官员，都给予原来的官职。所以都希望在朝廷中混个高一点的官职，以备将来投降时使用。这些人一时间苦于找不着门径，于是纷纷投靠李元胤和袁彭年，据说当时这两家经常门庭若市。

于是有些士人就在肇庆建造一座假山，中间筑了一只石虎，周围安放很多朝臣，其中五人形象最特殊，这就是“五虎”。因为李元胤原本姓贾，被李成栋收养，改姓李。所以用假山来代表李元胤，用以讥讽李元胤。又以袁彭年为虎头，丁时魁为虎尾，蒙正发为虎爪，刘湘客是虎皮，金堡是虎牙，讽刺他们追随李元胤。这就是“五虎”一名的由来。“五虎”的称谓虽然由此而起，但是，刘湘客、金堡、丁时魁等弹劾侥幸，遏制滥赏，却不是在他们汇聚朝廷以后的事情。

二、“五虎”的作为

永历三年（1649）正月，浔州守将陈邦傅请求出任浔州留守，如瞿式耜为桂林留守之例，要挟永历皇帝，根本没把朝廷放在眼里。浔州的州治所在地，就在今天广西的桂平市一带。永历帝没有答应。

我需要在这里跟各位做点说明，就是守将和留守差别很大。守将只是临时性的，随时可以更换。留守是长期性的，不会轻易更换。而且守将的辖地，多为一般的城市或者地区，但是留守的辖地一般为原来的都城或者陪都。从守将到留守，不仅地位上升，而且辖地的级别也上升为直辖，权限更大了。陈邦傅要求把自己守将的名目改为留守，不是一个简单的升职请求。

当时主管为皇帝起草诰敕的官员叫作张孟光（一说叫张立光），私下里告诉陈邦傅，说直接请求做留守，不容易通过，要他在上奏时，把留守的“守”字改成“居”字，以便蒙骗过关，但是陈邦傅不以为然，执意要做留守。可是等到敕文下来，却变成了“世守”。这下比留守还严重，等于把浔州世世代代封给陈邦傅了。显然是张孟光和宦官们私下里做了手脚。谏官金堡非常气愤，上章弹劾陈邦傅。金堡瞧不起陈邦傅，因为陈邦傅在李成栋反正前，还是清朝广东提督的时候，就曾暗通李成栋，给李成栋写密信，准备投降。

陈邦傅恼羞成怒，上疏狡辩说“皇上蒙尘两年”了（南明皇帝上来就蒙尘，可谓蒙尘皇帝），当时怎么没有台谏？而李成栋一来，忽然出了这么多谏官？是不是以为我手下没有兵将？金堡不是弹劾我吗？那好，就让金堡来作我的监军，让他看看我的十万铁骑，是不是也很雄壮！

陈邦傅显然是和李成栋争夺对于朝廷的控制权，同时希望把金堡控制在自己的手中，这样就可以随意加害了。当时的内阁朱天麟草拟奏章说，可以召开会议研究这件事。意思是说，陈邦傅请求让金堡做他的监军的事情，可以考虑开内阁会议商量决定。

丁时魁听了以后大发雷霆，说：金堡弹劾陈邦傅，陈邦傅要报复金堡，想以监军的名义扣押金堡。金堡还曾弹劾过郝永忠烧杀抢掠，郝永忠一直想要金堡的人头，是不是也可以会议讨论，把金堡的人头交给郝永忠呢？丁时魁十分愤怒，就联合十六位官员，大吵大嚷，前往内阁府，缴印辞职。

当时永历皇帝正在宫中闲着喝茶，听到这个消息，一着急把茶杯碰翻，洒了一身。盛怒之下，觉得朱天麟把事情办砸了，就把朱天麟的内阁大学士给免了。

朱天麟罢免之后，丁时魁又上奏，说朱天麟勾结太监王坤，贿赂陈邦傅，陈邦傅才隆重推荐朱天麟当上大学士，入主内阁。而且，朱天麟还让他的长子做了御史，次子做了中书，又把他的弟弟安插在行人司里当行人。丁时魁说，朝廷都快成了他一家的天下了。永历一听，就顺势将朱氏一门全部罢免。

朱天麟既被罢免，王化澄与严起恒为相。朱天麟企图恢复辅相之位，联合王化澄，筹划利用党羽掀翻金堡等，再挤掉严起恒，取而代之。

各位看到这里，可能会在心中产生疑问，为什么明朝主政的大臣都叫内阁而不叫宰相或者丞相？

三、内阁不同于宰相

明代的内阁，都是大学士，面对皇帝时，地位约略相当于宰相，但是朝野的权力却完全掌握在皇帝手中。这是明朝为了进一步强化君主专制，实行的更加过分的愚蠢、残暴措施。

洪武十三年（1380），左丞相胡惟庸“谋反”，被朱元璋杀掉。朱元璋借此之机，下令撤销宰相职位，并且声称以后不许再设，谁要是提议设置宰相，就要灭九族。所以，整个明朝一代，再没有设立宰相之位。为了传达皇帝旨意和为皇帝起草文件，又设大学士。大学士看起来很像宰相，实际上只是皇帝的私人秘书，而不是政府的首脑，而且品级很低，一般只有五六品，而都察院和锦衣卫的长官，都比大学士的品级高很多。

朱元璋的意思是，使用这些身微言轻的下等僚属，可以避免结党营私，解除他们对皇权的可能性威胁。结果这样一来，明朝政局更加混乱不堪。因此，黄宗羲先生在《明夷待访录》中说：“有明之无善治，自高皇帝废宰相始。”整个明朝，政治上从来没有一天好的状况，都是因为朱元璋撤销宰相的行径所造成的。

宰相和大学士不一样，大学士只是皇帝的私人秘书处处长，宰相则是政府首脑。

在漫长的中国封建时代，政治的所有权虽然掌控在皇帝手中，但是政治的运作权却在以宰相为首脑的政府手中，使用权和所有权的目标经常不能保持完全一致，这样就会与皇帝独掌天下生杀予夺的权力欲望相冲突。

中国古代虽然是君主专制，但是有宰相在，在一定的程度上，还是可以对这种绝对的君主专制起到一定的制约作用。因为尽管宰相和政府一定要努力照着皇帝的旨意办，可是在实际的运行过程中，为了能够妥善地处理具体事件，不得不有临机的方式和措施，否则事情就难于处置。这样就会经常造成与皇帝的旨意不完全一致的情况，也多少造成了一些与皇帝的旨意相背离的事实，皇帝从心底里不希望造成如此局面。所以朱元璋才下令取消宰相制度，实施最无情、最彻底、最愚顽、最暗昧，对天下最不负责任的绝对专制。

没了宰相，皇帝就更可以肆无忌惮、为所欲为了。明朝的这种做法，被清朝所采用，所以清朝也没有宰相，只有大学士。这种做法只是表明了一件事，那就是皇帝认定天下是他家的，他宁可政治腐败溃烂，甚至亡国，也不允许权力的行使受到外来的干扰，更不允许有宰相为首的政府与皇权的抗争。这就是明清为什么只有大学士，而没有宰相或者丞相的真正原因。

四、“滇封”里的猫腻

陈邦傅想要作浔州留守不成，又把朱天麟和内侍胡执恭接入自己营中，商量对策。朱天麟虽然也瞧不起陈邦傅，但是痛恨金堡等人，客观上还是助了陈邦傅一臂之力。刚好孙可望上表归顺，并请求封王。陈邦傅想投靠孙可望，企图利用孙可望的力量，达到挟持永历皇帝的目的。

当时朝廷内的官员们，纷纷以为应当给孙可望封赏，以奖励所谓“投诚”，汇集力量。正在这时，贵州守将有紧急文书传到朝廷，说孙可望使诡计吞并了贵州，告诉朝廷千万不要上了孙可望的当。还说孙可望不会真正效忠朝廷，只是想以归顺为名来控制朝廷。

金堡马上上奏称：“本朝无封异姓为王的先例。”于是永历决定封孙可望为侯，派内侍胡执恭前往宣布。胡执恭却秉承陈邦傅的旨意，临时改变说法，封孙可望为秦王。还引春秋之义为自己作说：“春秋之义，大夫出疆，有可以安社稷、利国家者，专之可也。”就是说外交官出使他国，可以临机处断，他这样做是有利于国家的，符合“春秋大义”！这下可把金堡和蒙正发等气坏了，马上上奏，称胡执恭“欺君罔上”，要求立刻罢免胡执恭。永历看到木已成舟，没有办法，只得改封孙可望为荆郡王，赐姓名为朱朝宗。孙可望假装不接受，但行文却以“朕”自称了。

第九章　混沌不堪的朝政

一、船上朝廷

永历四年（1650）正月，南雄失守了。

永历皇帝听到这个消息，慌慌张张坐上大船，从广东肇庆向广西梧州方向逃跑。内阁大学士严起恒和桂林留守瞿式耜等上疏谏阻，永历帝只顾逃命，根本听不进去。永历帝这些年一听到风吹草动就起身逃跑，已经到了风声鹤唳、草木皆兵的境地。永历帝还把大舟当成行宫，从此不想下船，企图永远住在船上，这样逃跑就更方便，连准备都不用，开船就行了。

实际南雄府在广东最北面，又在韶关东面，与江西接界，离肇庆还有很远的距离。永历乘坐大船逃跑，文武百官各乘小船追随，一时间大小船只扬帆举棹，西江之上，千帆竞渡，百舸争流。要不是为了逃跑，也算是一道风景了。可惜这是为了逃跑，所以只能被理解为“小舟从此逝，江海寄余生”了！

船队行至今天广东的德庆市时，永历休息两天，继续兼程逃跑。德庆古称康州，就在五六个月以前，船山与管嗣裘还在这里一起拜见了堵胤锡。几个人在这里作了短暂的相会，大家对皇帝的怯懦无识表示了极大的不满，也对国家前途的暗淡表达了无尽的忧伤。而两个月以前，堵胤锡已经忧郁而死了。船山故地重来，看着眼下的这番场景，想起堵胤锡当年慷慨豪气，以图恢复，心中生出无限感慨：

可怜康州城，
泷水自南来。
龙旗翩翩去何由，
苍梧迷云密不开。
秋风起，秋叶飞，
旗翩翩，去不归。

乌头黑，雀头白，
城上飞，声哑哑。
羽林军，神厩马，
昨日灵羊溪，
今日康江下。

杨花自飞鸟自栖，
相公白旐清浔西。
康州城下生蒺藜。

肇庆古称端州，从广东肇庆，可以经由西江从水路到达广西梧州。中间经过的第一个稍大一点的地方，就是康州。有泷水从南向北在康州入西江，再向前西北约二三百里就是梧州。梧州南十里之内就是梧州的属县苍梧县。再曲折向南，经江门市，从今天的珠海市西面入南海。这段水系发达，便于行船。

船山的心情，就是在这样的地理环境和历史事件中展开的。所谓“杨花自飞鸟自栖，相公白旐清浔西，康州城下生蒺藜”，就是说杨花飞杨花的，鸟玩鸟的，各不相干。白旐是灵旗，就是白色的招魂旗幡。船山所要表达的意思是：堵胤锡的灵旗正在浔江上飘摆，尸骨未寒，康州城下却再也没有人打理，荒芜得生满了蒺藜。言外之意就是，您为国家献身，人家一路逃玩。自从您离开这个世界以后，国家的复兴，已经被搁置不问了。

二、“五虎”遭刑

永历四年（1650）二月，永历皇帝到达了梧州。王化澄和朱天麟等见永历离开广东，李元胤的势力渐小，乘此机会对金堡、刘湘客、丁时魁、蒙正发等实施报复，鼓动兵部尚书吴贞毓、礼部尚书郭之奇、兵部左侍郎程源、户科给事中张孝起等联合上书，奏称袁彭年、金堡、丁时魁、刘湘客和蒙正发结党营私，称雄朝廷，任随己意，随便弹劾大臣。于是朝廷就下了一道旨意：袁彭年反正有功，不予追究，其余四人下锦衣卫大牢治罪。虎头没有事了，虎牙、虎爪、虎皮和虎尾全部被逮进了监牢。这时已是四月了。

同样是被告“称雄朝廷，任意弹劾朝廷大臣”，为什么袁彭年和另外四人的遭遇却完全不同？因为袁彭年与李元胤关系极其密切，而李元胤手中握有重兵，永历和朝廷都不敢招惹。而金堡等人因为没有坚强的军事后盾，所以就只能被投进监狱。“五虎”中的四虎被捕入监时，刘湘客是副都御使，金堡是兵科给事中，丁时魁是吏科给事中，蒙正发是户科给事中。结果金堡和丁时魁各杖八十，终身充军发配；刘湘客、蒙正发各打若干，罚劳役三年。

丁时魁的结局

丁时魁入狱时，被打得嗷嗷直叫：“我不畏艰难来投主上，因为我投靠南明，致使弟弟被清军抓获，关在清朝的监狱里，打得遍体鳞伤。现在我又被关在明朝的监狱中，也被打得体无完肤。主上怎么忍心这样对待我呀！”他出狱后暂时留在桂林，依托瞿式耜。永历四年（1650）十一月，清兵攻占桂林，瞿式耜与张同敞殉国，丁时魁降清，被孔有德招为幕僚。丁时魁想招刘湘客同降不得，后又欲招金堡友人姚湘降清。姚湘破口大骂说：“吾死，为大明一秀才足矣。何用此腐鼠为？”他引用的是《庄子》书中的典故，庄子将人间的权利和爵禄看作腐烂的死老鼠。丁时魁被骂得自惭形秽，不久就死了。此时距离他投降清兵，只有两三个月的时间。湖北黄冈人何履仕为丁时魁简单地料理了丧事。何履仕将丁时魁的发辫从头上剪下，扔到棺材外面，惋惜地说：“斗生不戴此辫而死，可不负梧州一顿棒。而今不免也，惜哉！”说丁时魁如果不投降，不剃发戴辫子而死，梧州的一顿棍棒，也算没白挨，还能留下个忠臣义士之名。只因戴上发辫，一生名节全被彻底毁掉了，而且也只多活了两个月，真是太可惜了！

就为了多活这两三个月，就从一个忠臣义士沦落为一个变节者，甚至叛徒，丁时魁的结局，实在应该引起世间一切苟活者的猛醒，引起人们高度和深度地借鉴！生死问题处置不当，就会从根本上颠覆生命的意义和价值，就会毁掉自己一生努力奋斗的所有成果。

刘湘客的结局

刘湘客被打得浑身伤痕，出狱后不久，桂林就陷落了。桂林失陷以后，丁时魁想招他同降，湘客剃光须发，隐藏在和尚堆里，没有被丁时魁发现。然后躲避深山，采野菜为食。永历六年（1652）七月，也就是一年半以后，南明将领李定国重新攻占桂林，刘湘客前往祝贺，并与行人司行人管嗣裘一同建议李定国收拾孙可望，全力拥戴永历。李定国当时条件还不具备，所以没有直接松口。刘湘客就此隐居深山，不久饿死。

金堡的结局

金堡在狱中几次险些被打死，最后被打断了一条腿，口中还在呼叫明朝的太祖和成祖皇帝。后来马进忠、胡一青、焦琏、曹志建、杨国栋等外将联名上书救援，不成。高必正又前往狱中看望金堡，抱住金堡痛哭。李元胤也面见皇帝营救，他才得免一死。出狱以后不久，就出家为僧了，法号淡归大师。

蒙正发的结局

蒙正发被打得鲜血淋漓，皮开肉绽。出狱后不久，清兵从湖南向广西进军，永历帝舍弃桂林和梧州，先行一步，逃往广西南宁。蒙正发只能暂时到桂林依托瞿式耜，不久清将孔有德攻破桂林，瞿式耜死难，很多明朝官员提出一起降清。蒙正发痛斥这些无骨人的歪论，遁入山洞之中，与侗族百姓混杂在一起，采集野菜为生，险些饿死。后来转道湖南，隐居衡山斗岭，与船山住地临近，两人交往了后半生，直到 1679 年病逝为止。

还有袁彭年，他没有受到朝廷的责罚。永历六年（1652），李元胤与清兵作战失败身死，袁彭年失势。又见永历朝无望，再度降清，竟然说投靠永历是被李成栋所挟持，并不出于自己的本意，说自己当时完全是人在江湖，身不由己。

三、挺身而起

“五虎”事件，在当时的南明朝廷内，是一个非常敏感的政治话题，很多人都故意躲避，以免惹火烧身。当“五虎”遭受刑罚之时，船山却不惜身微言轻，以行人司行人的身份，马上与管嗣裘一同去找严起恒，请求严起恒登舟哭奏，实施救援。

船山和管嗣裘对严起恒说：“诸君弃坟墓，捐妻子，从王于刀刃之中。而党人杀之，则志士解体，虽欲效南宋之亡，明白慷慨，谁与共之？”就是说，金堡等舍弃家乡，不顾妻子儿女，将生死置之度外，跟从永历来到岭南，而这些人却被小人之党陷害，眼看就要被打死了。这件事不止是打了几个人这么简单，还会使天下有心为南明效力的志士寒心。就算永历朝想要像南宋一样最后不屈灭亡，谁还愿意跟从呢？

严起恒前去找永历皇帝说情，却被程源拦住，不许他登上永历的御舟。严起恒就率领一大群文武官员，长跪在永历帝御舟前的沙滩上，痛哭救援，永历帝仍然无动于衷。桂林留守瞿式耜连上七章营救，兵部尚书张同敞也力陈利害，上书解劝，永历帝就是不听。永历在惩治邪恶和不法官员时，从来没有这样坚定，对待柔弱善良的正直大臣，却是刚愎自用，丝毫没有恻隐之心。

因为严起恒上奏营救金堡等，所以朱天麟和王化澄指使党羽雷得复、吴贞毓等，以严起恒与金堡等结党为名弹劾严起恒。雷德复奏严起恒二十四条罪状，称辅臣（严起恒）奸邪过于严嵩。严嵩是明代有名的大奸臣，任首辅期间，贪赃枉法，阿谀奉迎，后于嘉靖四十一年（1562）被免职抄家，永不复用。其子严世蕃也因贪赃枉法遭弹劾，免职流放，并于嘉靖四十三年（1564）被处死。

严起恒请求辞职，不允。永历帝此时心中犹豫不定。船山愤慨，以行人司行人身份，联合另一行人董云骧（《行在阳秋》称为“童云骧”）挺身而出，越职上疏，为严起恒辩诬。董云骧上疏，希望皇帝赶紧下定论，有罪就罚，没罪就放，不要处在两可之间，惹人非议。说如此拖延下去，国日乱而政日昏，“使天下后世，谓皇上为何如主”？董云骧自称“不惜以颈血，挡众人之怒”。船山也同时上疏营救严起恒。

此时严起恒正在盛怒之下，准备告病辞职。船山忍不住再上疏弹劾王化澄，无效。严起恒辞职引退。

五月，船山第三次上疏，指出雷德复所参严起恒，“备极诬陷”，说他给王化澄作先驱，“奉密谋”，“出险论”，致使严起恒辞职，因此应该承担排斥良善、无视君王的“非人臣”之罪。船山进而把锋芒直接指向王化澄，以为这是辅臣王化澄所指使，目的欲使国家陷于“往而不复”的境地。王化澄气急败坏，欲陷船山于死地。船山无奈，欲请病假脱身，王化澄不允。

当此千钧一发之际，李元胤、高必正和党守素三位手握重兵的将军带兵入宫见驾。李元胤对皇太后说，外面都在议论说，臣是金堡的同党，金堡有罪，臣请就死！太后说金堡自有罪，但“卿大忠大孝，朕不疑卿”。并且对李元胤说：“卿莫认金堡等为好人，卿如此忠义，他却谤卿谋反。”李元胤问：“说卿谋反，是有本，是面奏，还是传言？”永历和皇太后答不上来，其实也没有办法回答，肯定是王化澄指使宦官夏国祥等所为，想要离间李元胤和金堡等的关系，故意编造出这样的谎言来。

这时高必正插话说：“皇上重处堡等，是也。但处堡等之人，实不如堡等。臣恐处堡等之后，亦无胜于堡等之事。”这句话的意思是说，处理金堡等人可以，但是造成金堡等人被处理的这些人，实际上比金堡等差得更远。处理完金堡等人，恐怕朝廷中以后再也不会有金堡等的正义之举，只剩阿谀奉迎，投机钻营了。皇太后厉声说：“只滇封一事，岂非金堡误国！”就是说孙可望封王一事，要不是金堡从中阻截，会使朝廷这么被动吗？这简直是胡说八道。金堡阻止孙可望封王，本出于维护朝廷的权威，难道是永历帝真想封王给孙可望？三人听到这里，已经无话可说。其实要不是金堡，王化澄、陈邦傅、马吉翔、严云从、胡执恭、夏国祥等早把朝廷的爵禄抢光、卖光了。

沉默了好一阵，高必正又说，既然已经这样，不应再扩大事态。王夫之其人，忠肝义胆，出于正义，一时愤激，触怒圣上，且已知过，又身患重病，请求离职，何必再加处置？

看到这里，各位不禁要问：高必正为什么要出手营救船山先生，是不是与船山先生有什么秘密的私人关系呢？

四、船山与高必正

查证历史，高必正与船山一点关系都没有，只是看到船山出于忠义而反受陷害，才出手营救，使船山脱离险境。

但船山并没有前往致谢。船山对待高必正的这种做法，与其父王朝聘当年被奚鼎铉救助不表谢意，如出一辙。因为奚鼎铉已经从贼，所以船山父亲虽然被他保护和救助，但决不肯表示谢意。同样，在船山看来，国家民族到得如此狼狈不堪的境地，完全是由于高必正等贼寇作乱所导致。

船山一向以李自成、张献忠等为贼寇，这是他的正统思想的自然表露。那么高必正是怎样的一个人呢？高必正，陕西米脂人，原名高一功，李自成妻弟，原为李自成手下八大制将军之一，李自成死后，携其姊，也就是李自成的妻子高皇后，还有李自成侄儿李过，一同归降何腾蛟。投降南明之后，被赐名高必正。小有战功。湖南溃败以后，向南退入广东。

高必正是李自成部队中不多见的有节操之人，出于正义心，出手营救金堡和船山等。金堡受刑之时，高必正登舟看望，称："中外想望者，唯公一人，今公杖创若此，其如社稷何？"当时朝臣吴毓贞、程源、万翔、鲁可藻和内侍夏国祥等给高必正写信，让高必正杀死金堡等。高必正佯装同意，收下信件。等到众人集会时，忽然拿出信来给大家看，说："这是吴毓贞、程源等让我杀人的信件。"当时吴毓贞等狼狈不堪，集会不欢而散。高必正厉色声言："朝廷不杀吴、程、鲁、万四人，等不到明年春天，肯定会灭亡。"

高必正两次出手营救船山，不忍正直敢言的君子受到无辜陷害。1651 年冬，清兵继攻陷桂林之后，又攻陷浔州，广东也尽数被清军攻占。高必正率兵进入贵州，遭到孙可望的伏击，被孙可望杀死。

船山一向忠义，早在衡阳郡学时，业师高汇旃就曾评价船山，说他"忠肝义胆，情见乎辞"。永历二年（1648），船山还没有到永历朝廷任职，朝廷就下诏褒扬，称他："骨性松坚。"船山的儿子王敔在为父亲所作的《大行府君行述》中，也称他一向"忠义激烈"。但是，船山在永历朝廷中只干了不到半年，却落得如此下场。而且，船山本是出手营救严起恒，严起恒是被王化澄、雷德复等诬陷，才负气谢病辞职。最后这个责任也推到了船山身上，说是由于他的怂恿和刺激，才使得严起恒辞职养病，说严起恒离朝，完全是船山鼓动的结果。这真是欲加之罪，何患无辞呀！

五、如此圣旨

由于高必正等的营救，于是朝廷有旨："时方倥偬，欲静兵刑之气，先消唇舌之锋。科臣雷德复，以噪妄褫职。正望大小臣工和衷一德，共济时艰。王夫之职非言官，似讦似嘲，偏激辅臣以去，是何肺肠？奉内事姑不深究，该衙门知道。"

这个圣旨是什么意思？就是说现在天下大乱，国家正处在危难时期。想要安定下来，熄灭兵燹，必须先制止口舌之争，不要自己在内部吵来闹去了。雷德复虽然职在言官，但是信口胡说，革去职务。朝廷这样做，正是希望大小官员，团结合作，和衷共济。而王夫之本来不是谏官，越职违纪，嘲弄攻击大臣，影射朝廷，还用偏激的话语刺激辅臣严起恒，导致严起恒托病辞职，削弱朝廷的力量。请问他究竟出于什么心肠？暂时先不追究他的责任，但是要让各个衙门都知道这件事情。

这叫什么圣旨？简直是在闹儿戏，同时也是在耍把戏。

敢情免去雷德复的官职，是为了给严起恒和船山面子，其实船山哪有那么大的面子，只是为了高必正、李元胤这些人的面子，做给人看而已。意思就是说，雷德复未必真的错了。更不可理喻的，就是对船山的处罚。既然船山“越职违纪，嘲弄攻击大臣，影射朝廷”，又刺激并怂恿辅臣严起恒用辞职来要挟朝廷，没安什么好心肠，那为什么不严加惩治？大约是怕把事情闹大，引起手握重兵的李元胤、高必正等的不满，生出祸乱，于是就这么糊里糊涂地了结了。这真是“葫芦僧判断葫芦案”，令人啼笑皆非，哭笑不得。如此皇帝，实在不比后主刘禅高明！这样的朝廷，又怎么能够担负起复兴国家的时代重任？

船山一心想要拯救国家，不计个人得失，满腔热情地投身南明朝廷，结果不仅没有发挥有效的作用，还被说成是没安好心，险些丧命朝廷。船山哪里想到，他要为之效忠的皇帝和为之奋斗的朝廷，原来就是这个样子！

六、到底是朱由榔还是朱由根

永历朝廷中的这段经历，对船山的打击很大，给船山的心里蒙上了厚重的阴影。

南明永历皇帝本名朱由榔，几乎所有的记载都是这样写的，唯独船山先生的《永历实录》写作朱由根。这究竟是什么原因呢？

很多人从考据的角度，以为船山误书。其实也许是船山为了尊重永历帝，采用了避讳的手法，但也可能是故意这样写的。因为船山在永历朝中任过职，不可能不知道永历的真实名讳。那为什么还要这样写呢？很可能是船山以为永历帝看不清是非，听不懂曲直，辨不明善恶，就跟没长眼睛和耳朵一样，所以就把他的耳朵给去掉了。船山精通《春秋》，在文笔上作这样一点小动作，只是稀松平常的事情。这也是《春秋》的笔法之一。

后来李定国攻占湖南，有感船山忠义，再招船山赴永历朝任职，船山开始犹豫而终于没去，可能是对永历无望，不想浪费生命和宝贵的时间了。

第十章　君子小人

一、船山与“五虎”的关系

船山出手营救金堡等人，并不是为了与“五虎”联手结党，而是有感于金堡等的志在振兴朝纲，整饬腐坏。而且船山深知严起恒的忠正，所以才不惜以疏远小臣的身份，越职三次上章，弹劾雷德复和王化澄，舍身以救严起恒。

船山所救的“五虎”，到底是君子还是小人？

有关这个问题，历史学界存在很大争议。与船山先生齐名的同时代史学大家黄宗羲，就在所著《永历纪年》中，把“五虎”看作小人。那么黄宗羲的看法是否准确或者全面，王船山在永历朝中的短短半年的时间里，是不是真的误交了小人，这场政治事件，又对他的后半生及其思想产生了怎样的影响呢？我下面就给大家做一个尽量客观、细致的分析。

尽管人们对“五虎”的非议很多，但是船山对于“五虎”的态度，也并不完全一样。他瞧不起袁彭年，惋惜丁时魁，而敬重金堡、蒙正发和刘湘客，船山与“五虎”中的这“三虎”有密切交往。船山当时正在永历朝中，三人的行为，船山是亲眼见到的，不是听说的。黄宗羲的《永历纪年》是听说的，他没有亲身在现场。所以，他所讲述的情况，自然有其客观性的一面，但是不及船山《永历实录》更真切。黄宗羲说“五虎”依托李成栋和李元胤称霸朝廷，随意弹劾人，很可能是这些被弹劾的人，心怀不满，散布出去的流言。当时永历朝中善人并不多，所以，流言的传播途径可能也不少。黄宗羲在听到来自不同人的大致相同的说法后，就信以为真了。

那么，船山对“五虎”的看法到底正不正确？下面我们就逐个进行分析。

船山对袁彭年的看法

船山在《永历实录》中评价袁彭年说：袁彭年早年曾是一个性直敢言之人，他也因此得到了时人的赞许。但是，其人善于权谋，工于心计，计较个人得失，心中始终装着个人的小算盘，对权势看得很重，“死生大节无足取者”。生死关头，胆小惜命，苟且偷存，袁彭年身上没有很多可取之处。

相关史实证明，袁彭年在第一次投降清朝，被任命为广东提学副使期间，曾经写了一副这样的对联：“金线垂辫，斯兴朝之雅制；博带峨冠，乃亡国之陋规。”说清朝剃发带辫，胜于华夏峨冠博带，阿谀清政府而诋毁华夏文明。

当年朱天麟被罢免之后，袁彭年想乘机取代朱天麟成为内阁，永历没有许可。袁彭年上疏要挟永历皇帝说：“倘向者臣以三千铁骑西来，今日君臣安在？”就是说，当年要不是我劝李成栋反正归降，而是率领三千铁骑兵前来追剿，那就不知道陛下您和朝廷现在哪里了！狼子野心和不臣的心中暗想，都被他自己淋漓尽致地表达出来了。永历当时将袁彭年的这份奏章拿给群臣观看，满朝文武，顿时愕然。大家都傻了，怎么可以这样给皇帝写奏章？

李成栋和李元胤战死后，袁彭年再度降清，说自己投降南明是李成栋所挟持，并不出于本意。袁彭年这个人实在不是东西，所以堵胤锡、瞿式耜和严起恒都特别厌恶他。

其实金堡、刘湘客、丁时魁和蒙正发都被袁彭年骗了，袁彭年就是想利用这几个人的正直敢言，来达到自己窃夺相权，然后与李元胤一同把持朝政的目的。不止“五虎”，就连李元胤也成了袁彭年手中的棋子，李元胤大约只是想在朝廷里各种势力的争竞中，站稳脚跟，稳定自己的地位，并没有凌驾于永历之上、控制永历的意图。李元胤后于永历六年（1652）四月败于清军，不降而被杀。后来金堡也知道自己上了袁彭年的当，懊悔自己当年误把小人当成了君子。

由以上的分析，我们已经看到，对于袁彭年，船山非常瞧不起，也没有跟他有过直接的往来。但是由于袁彭年被置于“虎头”的位置上，袁彭年的行径，显然成了人们讥刺“五虎”的主要动因。

船山对丁时魁的看法

船山虽然同样没有和丁时魁发生直接的交往关系，但却并没有像厌恶袁彭年一样厌恶丁时魁，船山一直认为他是一个正直敢言的人，只是惋惜他后来变节，坏了自己一生的名声。

船山与“五虎”中的另外“三虎”，关系确实非同一般。船山与刘湘客，是因为各自怀有正义之心而相好。蒙正发几乎是船山的生死之交，而船山与金堡则属于患难相知，而且交情极深。船山与以上三人，可以说是趣味相投，属于非常纯洁的君子之交。

“五虎”案发后，朝廷不敢动袁彭年，而金堡、蒙正发、刘湘客和丁时魁，因为没有真正的依靠，所以全被投入锦衣卫的监牢。蒙正发被打得遍体鳞伤，刘湘客也是体无完肤，而金堡更惨，被打断了一条腿，成了终身残疾。但是，这几个人一直没有投降清兵，受刑之后，还随时准备复出，为南明效力。后来无望，各自选择了隐居、流浪或者出家的方式，以了残生。

通过以上的分析，我们可以看出，“五虎”中真正与船山有实质性关系的，只是蒙正发、刘湘客和金堡三人。那么这三个人到底是怎样的人，他们的行为，是否符合船山心目中的君子标准呢？

船山与刘湘客的关系

刘湘客刚从锦衣卫监狱中出来的时候，船山前往探望，两人对坐饮酒。酒席宴间，刘湘客备述遭遇，不时流露出哀怨和委屈的情绪。船山作诗劝慰朋友说：“昭州迁谪地，清洌道乡泉。过岭金风缓，当秋暑日悬。重开初度酒，莫诵四仇篇。萧艾吾何有，灵椿正大年。”勉励他不要再谈论蒙冤受刑的事情，希望他不要总是沉浸在悲哀之中。说小人们虽然伤害了我们，但是他们还能得到什么？而您却不一样，您得到了荣誉。我们虽然治不了小人，但是我们的声望和品格都在上升。

这首诗写得很古奥，“四仇篇”应当就是“四愁篇”。东汉张衡有《四愁诗》，船山借用这个典故，表示不要总在心里想着仇怨的事情。“萧艾”就是艾蒿，是一种臭草，用来比喻坏人。《庄子·逍遥游》里有：“楚之南有冥灵者，以五百岁为春，五百岁为秋。上古有大椿者，以八千岁为春，八千岁为秋。”

指的是世间的长寿年份。船山写给刘湘客的这首诗里的“灵椿”，大约就是使用这个典故。意思是说好人的运气正在上升。船山一方面对刘湘客的遭遇深表同情，同时也劝他不要总为过去的事情伤怀，希望他重新燃起希望和信心。

船山与蒙正发的密切关系

船山与蒙正发一直很友好，船山认定蒙正发是一个忠义之士，刚毅果敢，心胸豁达，性格开朗，处理事情清晰明白，而且“文笔畅达”，诗文雄浑有力但不故意雕琢。这种友好关系，被两人一直保持到蒙正发过世。我们在接下来的篇章中，还会不断提及，所以先不在这里给大家预支。

李成栋反正之初，请求永历帝移驾肇庆，当时派手下将领杜永和前来迎驾。杜永和骄横，无视朝廷，蒙正发当即予以斥责。杜永和愤怒地说：你不用跟我吹胡子瞪眼睛，小心有一天，我把你的胡子全都拔光！当时船山科举时的总房师欧阳霖（原名介，后改为霖）正在朝中任给事中，马上为此事上奏：“李成栋反正，表明他没有忘记君臣大义，朝廷应当予以嘉奖。但是，杜永和竟敢在朝廷之上侮辱谏官，这显然就是藐视朝廷。如果不加惩戒，何以号召天下义士？”

欧阳霖的意思，就是要在表彰李成栋的同时，也要惩治一下杜永和，杀杀他的威风，好让天下新降伏的骄兵悍将们不再敢蔑视朝廷的威严。可惜永历帝置若罔闻，气得欧阳霖谢病归家，从此再也不问世事了。

蒙正发的上述表现，说明他与二李的关系并不要好。说他依托李元胤，实在缺乏必要的证据。

船山与金堡的特殊关系

“五虎”中，船山与金堡的关系最为特殊。正是因为船山与金堡的特殊关系，所以才被后人错误地断定为误交了坏人。

那么金堡到底算不算小人，船山是不是误交了小人，而不慎成了小人的帮凶呢？要回答这个问题，最关键的是要弄清金堡的为人，因为船山于“五虎”中人，和金堡的关系最为特殊。而且，相关的非议，也主要出在船山对金堡的态度上。

先看船山和金堡的关系：船山与金堡确实感情深挚。当锦衣卫登上金堡的住船，大肆抢掠，金堡家人号哭。船山当时亲临现场，严厉制止锦衣卫的暴行。金堡刚从牢狱中出来，船山马上前往探望，当时正是晚上，船上点着灯火。金堡被打断了一条腿，正在躺着休息。船山的探望，使金堡异常感激，随即赠给船山一首诗：

挑灯说鬼亦无聊，饱食长眠未易消。
云压江心天浑噩，虱居豕背地宽饶。
祸来只有胶投漆，疾在生憎蝶与鲦。
劣得狂朋争一笑，虚舟虚谷尽逍遥。

各位可能要问，这些皇帝和大臣怎么都住在船上？前面我已经跟大家说过，永历从广东肇庆逃往广西梧州时，就是乘坐大船，而且不想再下船。理由很简单，就是为了逃跑方便。大臣们无奈，也只好都住在船上。所以永历朝廷，也可以叫作船上朝廷。这可不是我糟践他们，他们自己也这样认为。一次大学士严起恒还有王化澄陪同永历帝在船上喝酒，一直喝到半夜。严起恒大书“水殿”二字，令人贴在一个大牌子上，然后把这个大牌子挂在永历帝的御舟前面。皇帝所乘叫作御舟，官员所乘叫作官船。朝廷殿堂又叫水殿，这不整个就是一个水上朝廷或者船上朝廷吗？

金堡作诗的水平很高，这首诗的意思是说：我现在乘着黑夜，点亮了灯火，谈论他们这些小人已经没有什么意思。我这样整天吃饱了歇着，虽然挺安宁，但是心中的怨恨和忧虑实在也还没有消除。清兵如浓云重雾，压得江南都喘不过气来。而朝中的那些小人，就像猪背上的虱子一样，以为猪背已经足够宽阔、足够富饶了。祸患来了，就互相团聚在一起，躲藏在猪毛厚重的地方。猪生病了，他们又憎恨蝴蝶和鯈鱼，嫉妒他们比自己快乐、逍遥。他们这些劣人和猖狂的狐朋狗友们自以为得意，只不过博人一笑而已。金堡在这首诗的最后，表达了自己准备出家为僧的想法。

船山当时也正在受难，因为上章营救严起恒而被诬陷，刚刚被高一功营救出来。于是也向金堡表达了自己同样想就此隐居的想法："千古英雄无死处，酒徒高唱感夷门。"

船山的这句诗里，连用了几个历史典故。

"酒徒"，不是普通喝酒的人，而是专有所指。楚汉相争的时候，有一个叫作郦食其的读书人，想要投靠刘邦，帮助刘邦谋划天下。刘邦听说他是读书人，就把他拒之门外。因为刘邦一向看不起读书人，认为读书人只会嘴说，没有实际的用处。刘邦甚至经常拿儒生的帽子当尿壶使用，侮辱读书人。郦食其遭到拒绝之后，就在刘邦的门外高声大叫，说自己不是读书人，而是"高阳酒徒"。 郦食其是陈留高阳人（今河南杞县西南），他以"高阳酒徒"自称，大约是向刘邦说明，自己是个能喝酒敢玩命的狂放死士。刘邦要打天下，需要这样的人给他卖命，于是就接见了郦食其。结果郦食其给刘邦出谋，不久便平定了三秦。

夷门，是战国时期魏国的都城门，因为在夷山之上，所以叫作夷门。战国时魏国有隐士名叫侯嬴，年已七十。因为家庭贫弊，为魏国看守都城门糊口。侯嬴后来给信陵君出主意窃符救赵，在信陵君出行之前，为激励信陵君而先行自刎。这个老隐士原来也是大英雄。船山用这个夷门侯嬴的故事，与金堡互相倾诉，表达了两人作为读书人，虽然也有郦食其的本领，却不被信重；想要效法侯嬴，慷慨为君国效死，朝廷却不给他们机会和门径。英雄无用武之地，令人感慨伤怀！船山在这句诗中，还表达了虽然归隐，但是拯救国家、救助苍生的雄心壮志，仍然不减从前的内心隐衷。

1650 年十一月，瞿式耜、张同敞同死桂林，金堡虽已出家为僧，但还是冒着危险，与杨朋硕一起，安葬两贤，后又费尽努力，将瞿、张两人临刑前互相唱和的诗章，全部搜集整理，使之流传后世。

金堡不仅忠义，而且还有长远的谋划。早在隆武朝中，金堡就曾经劝说隆武帝不要轻信郑芝龙，要对他保持必要的警惕，但没有引起隆武帝足够的重视，最终被郑芝龙所卖。当时有人以为，因为金堡对郑芝龙的不信任，最终导致郑芝龙的叛降。这也就是永历帝问朱天麟“卿以为郑芝龙可参耶？当参耶”的起因。按照永历帝的逻辑，只要是手握兵权的人，都不要轻易招惹，否则他们会转而攻打自己。皇太后当年对李元胤、高必正等厉声说：“只滇封一事，非金堡误国而何！”也是这个意思。因为当时孙可望的属下已经放出风声来，说是“如果不答应封王，就领兵从云南杀过来”！当时孙可望已经占领了整个云南，强行要求永历王朝封他为云南王，因为云南简称“滇”，所以这件事就被南明王朝称为“滇封”。

永历帝一家，连手下的武将都不敢管制，任从他们随心所欲，这样的王朝，除了苟且偷安，苟延残喘，还有别的出路吗？可惜天下精英的一份真挚的用心，可怜天下生民供输给他们，还得遭受他们和敌方、乱兵以及土匪等的多方蹂躏！

金堡在清兵攻占福建上杭等地以后，曾经给隆武帝出主意说：“今日之势，诚能直走湖南，用何腾蛟之锐，竟捣荆襄，传檄中原，北方闻之，以为陛下从天而降，此上策也。移跸虔州，此中策也。并兵出关，背城一战，败不徙死，此下策也。若往来延津，观望经时，轻骑扣城，避不暇出，为无策矣。”金堡给隆武帝出的上计，是转移到湖南，依托何腾蛟，直接攻取荆州和襄阳，同时向中原发布文稿，动员华北、西北地区抗清，鼓舞北方人民的斗志。中策的意思是躲避到江西中、南部地区，照应福建和两广，进可攻而退可守。下策是集中全部兵力，与清兵决战，宁死不跑，与城共亡。金堡认为，如果一再拖延，等靠时间，到时候清兵来了，连逃跑的机会都没有，这就是无策。

可惜，隆武帝一再拖延，事实上等于真的选择了无策，郑芝龙暗通清兵，隆武帝就这样简单轻易地被擒杀了。

1663 年，船山在失去金堡消息若干年后，忽然有人来访，呈上《遗兴诗》一卷，让船山猜测是谁所作。船山“卒读久之，乃知是者跛汉”，猜出是金堡所作，金堡被打断腿以后跛行，所以船山戏称他为“跛汉”。这里的“者”字，就是

"这"字的意思。船山看到金堡的诗，异常兴奋，一次性奉和了七十六首，委托来人转给金堡。1680 年，金堡过世，船山听到消息之后，作了《尉迟杯》词一首，遥为一哭！

二、金堡是否通贼

史学界有一种看法，说是"五虎"依托李成栋和李元胤，借此控制朝廷。这种看法，自然不无道理，但却不能将"五虎"同样看待。

"五虎"中，袁彭年自然有利用李成栋和李元胤谋取权位的野心。金堡却不一样，他虽与李元胤关系很好，但却没有把这种关系当成进取之资的用心。而蒙正发和刘湘客，跟二李的关系，可以说很不密切，甚至有仇怨。有关这一点，我前面已经说过，现在咱们转回头来，考察金堡的为人。

黄宗羲在《永历纪年》中，记载金堡遏制陈邦傅浔州留守的请求，丁时魁怒斥朱天麟，聚众咆哮公堂，缴印辞职时说："然天麟但言会议，固未尝出金堡于邦傅也。第金堡往日知临清，受官于李贼，发其从来，是所深忌耳。"这段话说了两个意思：一是说朱天麟只是说开会商议决定，没有直接把金堡交给陈邦傅。二是说金堡之所以阻止陈邦傅，是因为自己从前任临清知州的时候，曾经接受一个姓李的乱贼（或许是指李自成）的官位封赏。这件事被陈邦傅和朱天麟揭发出来了，心怀嫉恨，所以才穷凶极恶地拼命阻挡陈邦傅。

黄宗羲生于 1610，卒在 1695，比船山早生九岁而晚卒三年，也曾举兵抗清，失败后隐居著述。他是一位十分令人景仰的大思想家、大学者和大历史学家。黄、王齐名，有约略相同的思想史地位。但是他身处浙江，对当时广东、广西和湖南地区的情况，缺乏真切的了解。他所说的上面两段话，确有值得分析推敲之必要。

就第一个说法而言，说朱天麟没有说直接把金堡交给陈邦傅处置，只是说开会决定，显然不能成立。作为辅相（内阁大学士），是非不明，善恶不辨，而畏惧握有兵权的悍将，将正直敢言的谏官轻易交与会议决定，实际就是失职。本应当直接挡回去，为什么要交与会议讨论？有什么值得讨论的？丁时魁咆哮公堂，虽然行为有些过激，但确实抓住了朱天麟的猥琐、畏惧心理，或者借他人之手以除掉金堡的真实用心。所以，黄宗羲的第一种说法，实在不能成立。就算金堡曾经私下里接受李贼所授官职，但是金堡这次完全出于正义，阻止陈邦傅要挟皇帝，也应该得到辅相的支持。不可以因人废言，“虽阳虎之言，孟轲氏犹有取焉”，黄宗羲宗法孟子，怎么会搁置孟子这样的话语？一定是永历朝当时情况太乱，真假难辨了。

黄宗羲的第二个说法，我们找不到可考的证据予以支持。根据船山《永历实录·金堡列传》的说法，金堡任知山东临清期间，除奸铲恶，安抚流散，“士民欣戴之”，很受士人和百姓拥护、爱戴。当时临清确实有贼数万，金堡曾亲自前往贼营中，劝说他们悔过自新，贼众被感动得痛哭流涕，如同烟云般自动散去。船山没有说贼首是否姓李，只是说贼首是临清大户。船山与金堡相处时间很长，深知金堡为人，船山的说法应当有确实的根据。

黄宗羲的第二个说法，同样立不起来。可能也是南明永历朝中受到金堡弹劾的那些人编造出来诋毁金堡的。因为金堡确实去过贼营，虽然是前去劝说，但是，这些贼寇怎么就会轻易被他说动？这里显然就容易被制造出各种各样的说法。在这个环节上做点文章，编排个瞎话，并不是一件很难的事情。黄宗羲大约是误听谣言，信以为真。

金堡曾在隆武朝中任礼科给事中，隆武灭亡以后，逃难到湖南沅州，沅州失陷，又逃到黔阳。当时清朝的沅州知府戴国士早就听说过金堡的名字，知道金堡就躲在附近的黔阳山中，于是写信派人送达，希望跟金堡见面，被金堡严词拒绝。

这件事后来成了攻击金堡的人手中的一个把柄，说他可能是清朝派来的奸细，连朱天麟给永历写的严责圣旨都说，“金堡从何而来，朕亦不知”。而这个戴国士，在约金堡相见之后的一年多，就归顺了南明。

黄宗羲显然是在不知底细的情况下，把永历朝中那些憎恨金堡的人对金堡的诬陷之词，当成了可信的史学证据。其实黄宗羲在《行朝录·永历纪年》中所说的“金堡等以李元允（李元胤）为东援，瞿式耜为西援，严起恒为内援，焦琏为外援，朝政一手握定”，动不动就上章弹劾内阁大学士等政府大员，心里惴惴不安，只能虚充其位的说法，显然也不实际。金堡等人，不可能有那样的权势和本事。由此看来，船山并没有失察，至少在当时，他所交接的朋友都是正人君子，都是满怀正气的忠肝义胆之人。

从以上的事实中，我们完全可以看出，船山在君子和小人这样一个关键问题上，头脑是清醒的，行为是正当的。并没有什么误交小人的事实，也不需要“因为误交小人，不出于本心，仍不失为君子”的不恰当的同情。

不过船山对于金堡的看法，也不是一直没有变化。虽然与金堡关系至密，但在金堡出家辗转到了韶关以后的作为，一样颇有微词。船山说金堡原本清高孤傲，正道直行。当了和尚以后，却为了修建寺庙和保障寺内僧众的食粮，不断低三下四地与清朝官员交接，甚至跟一位叫作金公绚的尚可喜手下的无赖幕僚攀上了同宗，认其为兄。并且还给这位在广州和仁化修建别墅，把从前的本色全都抛在脑后了。

三、也说君子、小人

君子和小人之争的时间选择

船山著有《宋论》，是评论宋朝的专书，接续《读通鉴论》，可以看作是《读通鉴论》的姊妹篇。《宋论》中有一篇叫作《罢王安石配享》，里面讲到1126年女真兵初破北宋都城东京汴梁，也就是今天的河南开封。然后卷旗北归，数月后再来。当女真北归之时，宋朝的统治集团内部并没有利用这一有效的时机，重整军队，部署防御，而是在朝廷内部掀起了大规模的君子小人之争，追究国家至此的责任之源，以为尽出于王安石变法。船山同意这种说法，但以为这不是当时最主要的任务。当时应该先把军队整顿好，准备迎击金兵，历史遗留的问题，以后慢慢再来处理。船山感慨地写道："（王安石）骨已冷，党已散，法已不行，事势已不相谋之安石，其为得、为失，徐俟之安平之后而追正之，未为晚也。舍当前腹心之蛊，究以往萌蘖之生，龟山、崔鶠等从而和之，有似幸国之危，以快其不平之积者。"这段话是什么意思？就是说当金兵北还之时，宋廷应该全力以赴筹备守战，不应该先来追究王安石的责任，把这件事放到国家再度稳定，危险解除之后，再来商量处置。结果宋朝却没有这样，就连杨龟山这样的大儒都被卷入其中，争竞是非、责任，致使金兵再来，北宋因为缺乏必要的准备，而于靖康二年（1127）初灭亡了。这些争竞谁是谁非的人们，在局外人看来，好像就是面对国家的危难，而在一旁幸灾乐祸一样。

局内与局外的不同

那么船山为什么也陷入了同样的格局之中？当南明兵虽多而散乱，统一号令不行，清兵步步紧逼，皇帝四处奔避的时候，最重要的事情，显然不是朝廷中的君子小人之争，而是如何整顿军队，防御强敌。

如此看来，情况并不像船山先生所说的那样简单。朝廷是全军的指挥，指挥部里小人云集，小人以谋利求功为目的，他们盘踞在朝廷的中心，能发出有效的号令吗？贪功归己，索要利禄，赏罚不公，全军将士能够真心出力效命吗？

由此看来，身处局外的人，虽然容易看清大势，但却不了解处在其中的艰难。处在局面之中的人，虽然容易因小失大，但却往往能够亲身感受事情的难于处理。小人干扰，正确的号令就不容易发出，就算发出了正确的号令，因为赏罚不公，下面还是很难真正执行。这就叫作，“身在局外者易为空言，身在局内者难措实事”。这句话虽然出自坚持对金兵妥协的宰相汤思退的口中，但却不可以因人废言，其中也有很实在的道理。所以说，北宋的杨龟山和胡文定以及船山在南明朝廷中的表现，就不能以心浮气躁和眼界狭小来对待，更不能与幸灾乐祸同等看待。

君子不让小人居中任事，可是小人们非要居中任事不可，否则他们就不会拥有权力，不能拥有权力，就不能获得利益。小人唯利是图，除了利益以外，他们根本就不顾及其他任何事情，哪怕是国家灭亡，生灵涂炭，仿佛都跟他们没有关系一样。所以孔子才说“小人难养”，才说“君子喻于义，小人喻于利”。君子和小人之争，实际上只是义利之争。所以船山先生说：“君子小人，但争义利，不争喻不喻。”是不是真正知道义和利的关系，虽然很重要，但有时却并不是最要紧的，最要紧的是坚持正义而摒弃贪欲。君子不能只懂得义，而不懂得利。不完全懂得什么是义的，未必就会沦落为小人。但是，如果只懂得义而不懂得利，却很难成为真正的君子。如果连利是可以用来养身，可以用来周济贫困，助成善良的道理都不知道，是没有办法成为真正的君子的。船山说：“于义有所未喻，己必不为（愚以为这里的‘必不为’，应当是‘不必为’，大约是书写或者检校错误）小人；于利未喻，终不可纳之于君子。”

古往今来，但凡君子与小人之争，几乎都是以君子的失败和小人的得逞而告终。为什么会是这样？君子只看重义，而现实社会中的争竞，往往是由利而引发。君子不在根本的问题上做文章，只争对错是非，小人却在争竞的同时，把利益全都拿走了，君子还靠什么来养民养兵？更何谈收复失地，复兴灭国呢？如此看来，君子与小人之争，原本没有错，错就错在没争到点子上。你说小人错了，他说“我就错了”，你说小人坏，他说“我就坏，你能把我怎么样？”你确实不能把他怎么样。

你说他没良心，他本来就没良心，感谢你说中了！所以必须抓住要害，要害就是利益。利益是小人的命根子，以正当的手段，收缴小人的利益，小人立刻就会失魂落魄，奄奄一息了，何必非要纠缠谁对谁错，孰是孰非？

君子以义为旗帜而同小人进行斗争，但不能把旗帜本身当作斗争的手段，那样的话，就只有失败一种可能。在以义为旗帜的同时，要采取利斗的方法，这才是以其人之道，还治其人之身。小人本无真正的同盟，只是利益一致的暂时联合。瓦解小人的同盟，必须用利的手段，小人集团一旦利益分配不平衡，马上就会分崩离析。当然，在以利作为手段的斗争过程中，要掌握好尺度，不要因为使用利益的手段，而使整个的斗争转变为利益集团之间的斗争。那样的话，君子也就无所谓君子了。君子与小人相处，确实是一件非常难的事情。

尽去小人是君子的失策

世界上不能没有小人，就像不能没有君子一样。没有君子，也就没有小人；没有小人，也就没有所谓君子。

不要试图将小人尽皆赶出朝廷，朝廷也需要有小人。皇帝需要小人伺候，皇室需要小人伺候，把小人都赶光了，皇帝和皇室自然不高兴。朝廷中没有小人是不行的，因为皇帝本身就不一定是君子，虽然他们未必就是小人。皇帝是世俗的统治者，不是道德的领袖，不要把皇帝等同于圣贤。把皇帝等同于圣贤，在理论上既没有可能，在现实上更是难以实现。

孔子说：“君子谋道不谋食。耕也，馁在其中矣；学也，禄在其中矣。君子忧道不忧贫。”这句话通常被解释成：读书就有俸禄，种田的反受饥饿。这句话曾经被当成孔子藐视生产劳动和体力劳动者的证据。

大家可能都看过《动物世界》栏目，动物的行为，能够帮助我们理解孔子这句话的意思，什么动物吃什么食物。君子以义为食，向往崇高美好，不单纯为了觅食活命才生存在这个世界上。这就叫作“君子谋道不谋食”。小人却以利为食，需要满足利欲。只给粮食吃，君子会觉得精神空虚；把义送给小人，小人会感到饥饿。因为义不能当饭吃，吃饭活命，本来也没什么错。朝中的君子们每天只顾给皇帝洗脑，没有小人，皇帝的身子谁来洗？所以说朝中不能没有小人，把小人全部赶出朝廷，既不应当，也做不到。要给他们留有余地，只是不要使小人泛滥成灾，耽误国家大计，残害百姓生灵就行了。曹操当年劝说何进不要尽杀宦官，只捡其中罪大恶极的，杀他几个就可以了，讲得也是这个道理。

第十一章　桂林城里的忠魂与鬼影

一、瞿式耜、张同敞血化双碧

当此朝廷一片昏暗，国家万分危难的情况下，不思惩治变节和投降的官员、抑制冗烂和侥幸谋利之徒，反倒向正直敢言的小臣痛下毒手，这样的朝廷还会有什么希望吗？与此同时，清兵却横扫湖南，大军直逼广西。朝廷虽然没有希望了，但是朝廷之外的守臣们并没有因此放弃自己的信念和坚守。

1650 年的十一月，清兵攻占桂林，大学士瞿式耜殉国。又一位能够使船山看到一丝希望的忠良重臣，在世界上消失了。

就在三个月以前，瞿式耜六十寿诞，船山当时还在桂林参加瞿式耜寿诞庆宴，赋诗表示祝贺：

千古英雄此赤方，漓江南下正汤汤。
情深北阙多艰后，兴寄东皋信美乡。
进酒自吹松粒曲，裁诗恰赋芰荷裳。
萧森天放湘累客，得以商歌侍羽觞。

前两句赞扬瞿式耜是古今少有的英雄，最后两句表明自己与瞿式耜志同道合，同时也表达了对瞿式耜推荐和爱惜自己的感激。

船山这次给瞿式耜写了两首生日贺诗，另一首诗的末尾两句说："莫讶维州争论亟，河山清晏自平泉。"大约是船山连续上章救严起恒，瞿式耜认为操之过急，所以船山才有"莫讶维州争论亟”的话语。但是船山在最后，表达了只要国家复兴，天下太平，我自己的心里就不会再着急，言论和行为自然就会和缓下来了。

当时船山和瞿式耜都不曾料到，瞿式耜的六十寿辰，竟然成了他的最后一个寿辰。

当清军孔有德部突然兵逼桂林的时候，永历帝已经逃往南宁，留瞿式耜守备桂林，瞿式耜手下军兵，都被派到周围去了，城中基本无兵，属下劝瞿式耜先逃离桂林，然后再集合部队夺回桂林。瞿式耜说：“我为桂林留守，桂林存则我存，桂林亡则我亡。”于是端坐府衙中束手待擒。

瞿式耜（1590—1650），字在田，号稼轩，江苏常熟人。万历丙辰（1616）进士，天启间，信奉天主教，教名 Thomas，就是托马斯。崇祯时，因为为人正直善良，触怒大学士温体仁，被贬下狱。弘光时，出任广西巡抚，隆武朝加兵部右侍郎。1646 年（隆武二年）正月，广西靖江王朱亨嘉（当时早已被废为庶人）鼓动广西征蛮将军杨国威册立自己为帝。瞿式耜不从，被杨国威扣押军中。杨国威手下将军焦琏也被挟持，从中周旋，保护瞿式耜。瞿式耜密使焦琏出外联系两广总督丁魁楚，丁魁楚兵到，焦琏斩杀杨国威。瞿式耜又与丁魁楚一道，将朱亨嘉以及相关佞臣数十人押送福州行在，受到隆武帝嘉奖。1647 年十一月，瞿式耜与两广总督丁魁楚一同拥立桂王为帝，年号永历。以推戴之功，瞿式耜后任东阁大学士兼桂林留守。

何腾蛟经略湖南，瞿式耜巩固后方，与何腾蛟联手，信重名将焦琏，多次击败清兵。清兵曾先后五六次兵逼桂林，都被瞿式耜英勇击退。一次清兵竟然冲进城里，瞿式耜指挥焦琏等将领与清兵巷战，终于把清兵赶出桂林。这一次清兵再来时，焦琏已被陈傅设计诱杀，瞿式耜坐守空城，以身殉国。

与瞿式耜一同殉难的还有张居正的曾孙张同敞。

张同敞（1608—1650），号别山，崇祯癸未（1643）进士，何腾蛟死后，为兵部右侍郎，总督天下兵马。当清军定南王孔有德统兵进攻广西之时，张同敞领兵于桂林城外抵御清兵，手下主要两员将领赵印选和胡一青。赵印选未及清兵到来，就挟重金和妻子逃跑。胡一青支撑不住，溃败。孔有德指挥大军包围桂林，张同敞招身边亲兵作战，这些人又一哄而散。有人劝张同敞隐藏在乱兵中逃出桂林，张同敞不听，单骑返回府衙中，见瞿式耜说：您现在打算怎么办？瞿式耜说："桂林落入敌手，我只有一死谢天下。"张同敞说："我知道您一定会选择这条路，愿与先生同死城中。"瞿式耜说："我是桂林留守，职责就是守住桂林。桂林陷落，责任在我，你没有直接的责任，可以离去，不必留在这里等死。"张同敞说："昔人耻独为君子，为什么拒绝我和您一同杀身成仁？"瞿式耜说："吾故死此，正待君尔。"

"昔人耻独为君子"，说的是春秋时期卫国的贤士遽伯玉，遽伯玉经常把成就美名的机会分给朋友，孔子跟他有交往，对他非常欣赏。张同敞这句话的意思是：您不能只图自己成为忠烈，为什么不把这样的美名与我共同分享呢？这是表面的意思，实际就是咱们两个一同为国捐躯，不是更好些，还免得您孤单了。

当晚，两人秉烛饮酒，各赋绝命诗，之后两人就寝，张同敞鼾声如雷，睡得比平时更香，仿佛无事一样，表现了视死如归的英雄气概！次日凌晨，两人起床洗漱，穿戴整齐，端坐衙署，就是官府的办公室里。孔有德进城，派兵至官署，见二人端坐，就把两人带去见孔有德。

张同敞开口便说：“麾下从毛将军起海上，受朝廷恩命，官三品。今国且垂亡，吾以麾下为久死矣，而尚存耶？或者吾殆见鬼乎！”张同敞的意思就是说，我知道你，原来不是跟毛文龙将军从海上起兵支援辽东，我听说你早就为国捐躯了，怎么还活着，我不是活见鬼了吧？孔有德大怒，令手下用刑，打断了张同敞一只胳膊，打瞎了一只眼睛。张同敞大叫：“叛贼，速杀我，国士不可辱也！”我是明朝的国士，你可以杀我，但不能侮辱我。侮辱大臣，就是侮辱国家。失败者也有尊严，也应受到足够的尊重！

孔有德命令把瞿式耜和张同敞一同关起来，并派人不断前来劝降。瞿式耜说：“我受朝廷四世厚恩，身为国士，求死而已，断无降义。”张同敞厉声对瞿式耜说：先生您怎么跟猪狗说这种话，“迅雷岂为蛰虫设耶”？春天的惊雷，不是为了这些以蛰伏求生的可怜虫震响的！瞿式耜不再讲话，用双手捂住了自己的耳朵。

两人在拘役期间，互相唱和数十首，后被已经出家为僧的金堡仗义搜集整理，流传人间。

几天之后，孔有德又来亲自劝说：我是圣人的后裔，不忍心杀戮忠臣，如果你们执意不降，还有最后一条路选择，剃发为僧，我就放你们两个逃走。张同敞大声说：圣人也有你这样的子孙？猪狗不如的东西，侮辱自己还不够，还要使圣人蒙受羞耻吗？

临刑前，孔有德提供酒肉给瞿式耜和张同敞，被张同敞一脚踢翻，痛斥说：人怎么能吃猪狗的食物！孔有德让手下人给瞿式耜和张同敞送上明朝官服和官帽，张同敞作揖感谢。孔有德说：赐食不谢，赐衣何以谢之？张同敞说，圣人云："微管仲，吾其披发左衽矣。"你给我们大明的衣冠，我就可以上见天皇于九天，下见先人于地下了。看来你也只是一念之差，才成为千古罪人，假使你良心发现，保不准能与我和瞿先生一道，一同为国而死呢。孔有德知道这是奚落自己，用眼睛斜睨了张同敞好久，然后将瞿式耜和张同敞带至独秀峰下。张同敞指着独秀峰说："一生只爱泉石，愿死此峰下。"遂被杀害。

当时虽是冬天，但是桂林已经十五六年没有见到雪了。可就在瞿式耜和张同敞被杀的那天，雷声大作，大雪纷飞。张同敞深情而自豪地望着瞿式耜说：连上天都被我们感动了！瞿式耜微笑着不住点头。这场大雪竟然下得弥天漫地，山河一片洁白……

"从容待死与城亡，千古忠臣自主张。三百年来恩泽久，头丝犹戴满天香。"这是瞿式耜的绝命诗。"一月悲歌待此时，成仁取义有天知。衣冠不改生前制，名姓空留死后诗。"这是张同敞的绝命诗。

瞿式耜手下有一医生，是吴江人，叫作杨朋硕，另有一门下幕客，名叫姚端。他们知道孔有德敬佩瞿式耜，于是就请以弟子身份收葬瞿式耜，以尽师生之谊。金堡虽然已经出家为僧，也上疏孔有德，请求安葬两贤。孔有德被三人的壮举所感动，没有阻止。于是杨朋硕就和姚端、金堡一道，收敛了瞿式耜的尸体，连张同敞一起，草草埋葬在桂林城北门内的公园里。两贤的墓碑，现在矗立在桂林市叠彩山公园内。

埋葬了瞿式耜和张同敞之后，桂林转晴，天边升起两道美丽的彩虹，格外耀眼，格外绚烂。

当瞿式耜和张同敞以身殉国的时候，陈邦傅却投降了清兵。而王化澄和朱天麟两位内阁，却放弃永历皇帝不管，各自逃命去了。

从崇祯被困北京以来，明朝将领，置君王生死和国家安危于不顾，纷纷倒戈投降。前有唐通、吴三桂，接着就是许定国、刘泽清、刘良佐、左梦庚、郑芝龙，后来又有刘承胤、陈邦傅等，官职小一点的就更是不计其数。他们对待自己的主子的态度，甚至还不如一个外国人。

永历朝建立以后，有一位德国的传教士叫作瞿安德，洋文写作 Andre'Xavier-Koffler，也有翻译成瞿纱微的。来永历朝以后，瞿安德给永历帝嫡母王太后、生母马后，还有永历的王皇后、太子朱慈煊洗礼，接受他们加入天主教。孔有德攻破桂林之后不久，永历逃往南宁，清兵一路追赶。1651 年底，清兵攻南宁，瞿安德追随永历帝向云南逃跑，不幸被清军抓获。因为不投降，被清兵杀害了。据说永历帝还曾经借助这位瞿安德牧师，向德国和其他欧洲国家请求过救兵，就像隆武曾经同意郑鸿逵（即郑成功的叔父，郑芝龙的弟弟郑芝虎）向日本求过救兵一样，只是消息并没有传达出去。

这位瞿安德神父，不远万里来到中国，支援明朝人民复兴的伟大事业，并为此献出了自己宝贵的生命。这是一种什么样的精神？这是国际主义的精神。再看看这些明朝的将领和朝臣，别说什么君臣大义，就连一点基本的职业道德都不讲！武将是干什么的？大臣又是干什么的？是为了投降而设立的吗？

二、孔有德、陈邦傅并下地狱

永历帝逃往南宁以后，孔有德继续追赶。永历只好放弃南宁向云南方向逃跑。而此时已经控制了云南全境的张献忠义子孙可望见到有机可乘，马上出兵以“迎驾”为名，把永历皇帝劫持到了云南安隆。为了彻底控制永历王朝，震慑住永历身边所剩不多的文臣武将，同时也为了表示自己扶持永历总要有些举动，于是派出两路部队向清军发起进攻。

其中一路由张献忠一个义子刘文秀带领，进军四川。这路军马曾经一度将吴三桂包围，但很快就转胜为败，返回了云南。另一路兵马则由李定国将军率领，负责进军广西和湖南。

1652年七月，李定国乘桂林城防空虚，挥兵攻打桂林。李定国这个人有很高的军事指挥才能，占据云南以后，又跟缅甸人学会了使用大象。李定国以大象为前阵，让士兵跟在大象身后，大象身体庞大，皮糙肉厚，弓箭不易穿透。士兵跟在大象后面，就像今天的士兵跟在坦克的后面的效果差不多。清兵抵御不住，退入桂林城中。李定国把桂林城团团围住，指挥士兵乘梯登城，攻占了桂林。

到了七月四日，孔有德见桂林城已被攻破，无路可逃，就在自己家中点起一堆烈火，投火自焚了。

据说在孔有德自焚的前一天夜里，桂林城中有人看见一件奇怪的事情：一年半以前被孔有德杀害的瞿式耜和张同敞，两人并马进入了孔有德的家中。不久传出消息，孔有德自焚了。

真是忠臣孝子，天地所不忍殛！孔有德是一邪恶叛逆，势利小人，敢违天逆理，杀害瞿式耜和张同敞，行此不仁不义，终于遭到了报应。

孔有德临死前，为了不使自己的妻妾落入李定国手中，逼迫她们自行了结。孔有德的一个爱妾说：不要担心我们不死，只是要想办法让儿女化装逃跑。并且对儿女说："千万不要学你爹，当了一辈子贼，最后落了这么个下场！"然后就自杀了。孔有德的儿子也没有跑出去，被李定国擒杀了。

只有一个叫作孔四贞的女儿，逃脱后被清廷收养，做了孝庄皇太后的养女，成了康熙皇帝的庶姑。孔四贞后来嫁给孙延龄。孙延龄于 1674 年二月，以广西将军身份，随吴三桂造反。吴三桂借口孙延龄听信孔四贞劝说准备投降，杀掉了孙延龄，孔四贞落入吴三桂手中。吴三桂叛乱平定之后，孔四贞被清兵接回北京，在清廷宫中了此残生，无后而终。这也算是清廷对孔有德效忠的回报了。

孔有德真是孔子的嫡传后代，圣人也有这样的不肖子孙！令人想起现代新儒家马一浮先生的话语："孔子之嗣在濂洛关闽，不是衍圣公。"就是说，孔子真正的传人，是周敦颐、张横渠、程颢、程颐、朱熹这些人，而不是孔氏自家的子孙。光有血缘凭证，是不足以成为圣人真正的后继者的，圣人真正的后继者，乃是他的崇高精神生命的追随者和拓展者，是他的精神传人，而不是血脉传人。文化的遗传，永远胜于并且高于血脉的遗传！

还有那个陈邦傅，此时已经投降清军，被孔有德留在桂林，也被李定国活捉了。李定国把他交给南明军队总指挥孙可望。

当年陈邦傅受金堡弹劾以后，并没有就此甘心。报复完金堡等人之后，又派胡执恭假传圣旨，再封孙可望为秦王。孙可望知道还是欺诈，就把胡执恭杀了。孙可望自然一心想称霸朝廷，并且时刻想着取代永历帝。但他也知道，陈邦傅也想自己称王称霸，所以也把陈邦傅看成绊脚石。陈邦傅无奈，想劫持永历帝投降清兵，因为当时高必正在永历身边，陈邦傅未敢轻动。于是就诱骗焦琏，说要联合抗清，焦琏中计，前往商量具体事宜，在酒席宴间被陈邦傅伏兵杀死了。

焦琏怎么这么轻易就上了陈邦傅的当？因为他们两人是儿女亲家。焦琏以为，陈邦傅再坏，恐怕也不至于对他下毒手。谁知赌场无父子，沙场上哪会有亲家！一代名将焦琏，瞿式耜当年的左膀右臂，就这样轻易被陈邦傅杀掉了。陈邦傅以杀掉焦琏为见面礼，投降了清朝。孔有德知道他反复无定，就把他的兵将分散开，只把他一个人自己留在桂林，置于自己的掌控之下。李定国夺回桂林时，陈邦傅没有来得及逃走，被李定国逮住了。

孙可望下令活剥了陈邦傅的皮，悬挂在高杆上曝晒示众。够狠的，跟张献忠学的，张献忠的义子嘛。张献忠经常活剥人皮，孙可望这回也给陈邦傅来了个活剥皮。不过陈邦傅也是罪有应得，既然白披了一张人皮，剥了也就剥了，披着也不是人，留着这张皮也没啥用处。

一同被剥皮的，还有陈邦傅的儿子陈师禹。给乱臣贼子做后，真是人生最大的不幸，不仅没脸见人，面皮保不住，就连身上的人皮也被一同剥了去！

三、娘亲在远处呻吟

从1648十月起兵抗清失败以后，直到桂林失陷之前，船山往返于衡阳和肇庆、梧州与桂林之间，为现实的拯救而奔走效力。

就在同一个时候，船山的母亲却在家中忍受着饥寒。生活的贫弊，已经到了不得不采草根充饥的地步，老人已经70多岁了。在艰难的生活和担心儿孙的沉重心情折磨下，1650年八月二日离开了人间。船山本是大孝子，因为没有赶上与母亲见上最后一面而悲痛欲绝，很久以后还自责不已。

桂林失陷以后，船山遭到通缉，一路奔逃，隐居深山，不敢露面。

四、最后一点希望

正当李定国在前方英勇抗敌的时候，孙可望却在后方逼迫永历皇帝，准备取而代之。

1651年三月，孙可望再度要挟南明永历皇帝封自己为秦王，大学士严起恒不允，被孙可望杀害于南宁。张献忠本于1646年十一月二十四日被清兵袭杀于四川西充，之后，他的四个义子将部队带往云南，攻打土司，强占了整个云南，后因势孤难立，归顺南明政权。在南明政权里，孙可望骄横跋扈，危害朝廷，试图先架空然后取代永历皇帝。严起恒等早已对孙可望深恶痛绝。

严起恒，字秋冶，浙江山阴人，崇祯辛未（1631）进士。早年以廉洁奉公受知当时的名流赵南星。但是不久之后，严起恒厌倦官场污秽，辞职归乡。弘光时，出任广州知府，转右参议。何腾蛟守湖南时，帮助腾蛟筹措军饷，减缓对生民的赋税压力。永历二年（1648），与瞿式耜同守桂林，而后又追随永历帝赶赴肇庆，被调入朝中，出任内阁大学士。为人公正少私，抑制侥幸之人，惩治奸邪官吏，为振刷永历朝廷出力不少。在永历朝中，备受小人集团阻挠，受王化澄等诬陷辞去内阁职位。这是1650年六七月间的事情。

1651年正月，大学士严起恒又被永历重新召回，再任内阁。

同月，清将马蛟麟攻陷梧州，王化澄和朱天麟放下永历不管，各自逃跑了。王化澄携金银财宝逃往平南山中。马蛟麟部下有一位姓胡的千总知道王化澄携带重金，想把金银财宝全部据为己有。王化澄为了躲避追捕，剃发为僧。但是胡千总不依不饶，硬是把他从寺院里拖出来。王化澄先给了他一万五千两白银。胡千总知道，这只是王化澄的一个小零头。于是把王化澄五花大绑，关在一间空房子里。王化澄乘人不备，吞了一大把玛瑙，死了。胡千总怕逼人钱财的事情被马蛟麟知道，于是就把王化澄的尸体烧了，结果玛瑙的香气四溢，周围数里之内，都可以闻得到很浓的香味。马蛟麟闻到了气息，胡千总隐瞒不过，就把实情告诉了马蛟麟。马蛟麟一怒之下，把胡千总杀了，胡千总勒索王化澄的银子，也全部被没收充公了。

就在王化澄逃跑的时候，朱天麟也逃跑了。他想去云南去投靠孙可望，但是中途乱兵太多，危险很大。于是就逃到山中投靠了少数民族的土司，后来就音讯全无了。

1651年三月，孙可望委派一位姓吴的将军领兵入朝，要挟永历封自己为秦王。锦衣卫使马吉翔告诉这位将军，说严起恒从中作梗，百般阻挠。吴将军就以邀请严起恒吃饭为名谋杀他，严起恒刚出船舱，就被吴将军一锤打得脑浆迸裂，一头栽进水里，当场死亡。永历帝痛哭失声，花钱雇水手，把严起恒的尸体从水底打捞上来，然后把自己身上穿的衣服脱下来，给严起恒披上，就这样把严起恒安葬了。皇帝还要花钱雇人？当时永历帝的境况就是这样，不给好处，没有人效力！

船山知道，严起恒是南明永历朝的最后一点希望，严起恒一死，永历朝再也不能称为朝廷了。

严起恒没了，永历帝完全被掌控在孙可望的手中，成了他的玩物。严起恒死后，船山彻底绝望，从此不想再出，准备终老林泉。于是托迹野寺，寄身瑶洞，奔避流离于湘南、粤北和桂东北一带地区，最后移住在湘江西畔、蒸水之滨的石船山附近，名其所住为“观生居”。这个地方在湖南省衡阳县境内，很偏僻，不容易被找到，便于藏身。

船山于此静神凝心，把全部精力投入到对中国传统的阐释和生发上面。船山在观生居的墙壁上自题对联：“六经责我开生面，七尺从天乞活埋。”就是要用六经来勉励和督责自己，努力为中国文化找到崭新的发展生机。为此，甘愿舍弃七尺身躯，将自己活埋在中国的历史文化传统之中，表达了自己为祖国文化献身的坚定意志和顽强决心。

船山独秉孤灯，隔绝外世，读《十三经》、廿一史、朱熹和张栻等遗书，玩索研究。无论风雨晦暝，即便在身体羸弱、重病难支的情况下，仍然一如既往。“虽饥寒交迫，生死当前而不变！”

船山一生，身遭国变家难，奋身投入拯救，在现实的意义上，虽然没有炫人耳目的事功成就，但他的正大与艰苦，都是古往今来所难于比拟的。尤其是在极其艰难窘迫的境遇中，依然驻心传统，坚定不移。而全面总结历史，著述宏富，更是令人无法表达对他的钦佩！

五、文化民族与政治国家

船山直接参与了明朝的拯救活动，后因拯救无望，返身回归传统文化之中。这个事件直接导致了船山思想的重大变化。这种变化，最明显的，还是表现在船山先生对文化民族和政治国家的关系的论说上。船山表达这种文化民族与政治国家的关系，使用的是“道”和“器”的概念。从船山先生对道与器的关系的看法的变化，就可以看出他对文化民族与政治国家的轻重关系的深切思考。船山对道和器的关系的看法，前后有明显的不同，尽管在总体上，船山一直主张道在器中，器是用来载道的，也就是说，政治国家是用来承载和传递民族文化的。但船山的思想，却明显地经历了从重道到重器、再回到从重器到重道的一个循环往复的过程。

“道”和“器”是中国哲学史上的一对非常重要的概念。这个概念最早出自《周易》的系辞，系辞中说：“形而上者谓之道，形而下者谓之器。”器就是现实的实物，是看得见、摸得着的，不用抽象思维就可以把握得到的。而道就不一样，道不是有形的，不是感官能够直接感觉到的东西，需要依靠理性和抽象思维才能把握得到。

宋代以后，道器关系开始受到学者们的真正重视。但是宋代的学者们基本还是在理性和感性两个层面上理解这一问题，没有把这个问题同国家政权和精神文化紧密地联系起来加以考虑。

船山就不一样，他把道器关系与国家政权和历史文化紧密联系起来，这也是船山为中国文化开出崭新生面的一个重要方面，是船山对中国思想史了不起的贡献之一。

在船山的思想里，器就是指国家政权，道是指国家政权赖以建立的理论基础和价值依据。普通民众只懂得器的重要性，因为器是看得见、摸得着的。国家政权跟他们的生活有非常直接的关系。至于道，一般人就很难对它产生兴趣，因为它不仅抽象，难于把握，同时每天劳作，养家糊口，没有时间考虑这样的问题。而理学家们却不一样，道是他们最关注的问题。因为道是根本原则，如果连根本原则都搞不清楚，国家政权的合理性和合法性就会出问题，所以理学家们一般都把道看得比器更重要。

船山早年学习理学，原本与一般的理学学者一样，重视道甚于重视器。对从内在把握传统文化的根本精神价值的重视，远远超过了对于现实政权和政治活动本身的重视，以至于藐视滚打在政治风波中的人们，以为他们猥琐、势利而又缺少高尚的品格和情操。所以，船山早年也同样强调“无其道，则无其器”。就是说，如果没有崇高的价值理想和合理的规划设计，那么，现实的政权就不会合理，就不会是正当的，它的正确性就没有保障。尽管它可以存在着、运行着，但是因为它不是按照道的根本原则建立起来的，所以，从道的角度来看，其实就等于没有存在，甚至于还不如不存在。这是船山早年学习理学时的看法。

但是，当国家民族出现大的问题的时候，直至国破家亡了，船山才意识到器比道更重要，于是奋不顾身地投入拯救之中。船山也和很多理学家们一样，到了这种时候，多半会转换思考方式，直面现实，重新唤起对于政治的机制和运作本身的研究。正是在这样的意义上，船山的道器关系思想，进入了第二个发展时期。

船山在《周易外传》中说："道者，器之道；器者，不可谓之道之器也。无其道则无其器，人类能言之。虽然，苟有其器矣，岂患无道哉！"简单地说就是：没有现实的实物，道理就没有地方附着。器是用来承载道的，就像水一定要盛在杯子里或其他器皿中，然后才方便饮用一样。没有虚悬在半空中或者假设在思想里的空洞之道。只要有器在，就不愁道的运行。只要国家政权还在手上，那就不愁中华文明不能畅行华夏神州。

船山论道器关系，与一般的哲学家不同，他不是把道和器的关系仅仅当作哲学概念来研究，他不脱离国家政权的生死存亡空谈道与器的关系，而是将道器关系跟国家政权的兴亡紧密联系在一起。因此，船山所谓道，乃是中华民族的文化精神之道，是中国文化核心精神价值所在。船山所谓器，则主要是指中华民族自己的政权。但是，船山持有这样的思想，主要是在他奋身而起拯救天下，以恢复明朝江山为己任的时期。所以，船山上述的话语，实际上也可以更加切实地理解为：只要保住明朝江山，就不愁中华文明不能长久地持续和发展下去。

"无其器则无其道，人鲜能言之。"船山这样的话语，实际上是说给那些把道看得比器更重要的理学学者听的。从语言表达的角度，我们可以判定船山更重视器。但是，这是船山寄望于现实拯救时期的心态。

在现实的拯救行为失败并且绝望了以后，船山返身回归传统之中，将自己真正活埋在中国的历史文化之中。他要用自己对于经典的重新阐释，创造新传统，使社会风气走出贪婪、怠惰、懦弱与堕落，走向廉洁、勤勉、勇敢和奋发，以便等待未来有贤明的君主凌空出世，依据没有泯灭的圣贤之道，重整乾坤，再造河山。中华民族的根本之道，也就可以再度畅行在神州大地之上。于是，对道的重视又重新上升到了对器的重视之上。

所以，如果仅仅把船山简单地看成是唯物主义者，以为船山强调器，又强调对于国家的现实拯救，从而认定船山看重器而轻视道的话，就会造成对船山的误解。

当现实的拯救已然无望的时候，船山返身于中国传统之中，试图通过对文化的继承与发扬，作为长久拯救方略的时候，船山的心态变了，表述也发生了重大的变化。从“无其器，则无其道”，又变回到“无其道，则无其器”。道又变得比器更重要了。由于生身遭遇的变化，船山的思想也随之发生了原则性的变化。

这样一个颠来倒去的过程，是船山苦难的生命历程，也是船山无可奈何的选择。

千古英雄一泪，只在琵琶声里。

船山之所以继续活在世间，完全是为了拯救华夏民族。现实的拯救既然无望，只能付诸理论的拯救。船山并非无情，其对现实的绝望，正是因为内心无法抑制的澎湃激情，他对华夏民族倾注了超出身体所能蕴含的热忱。

“多情自昔，阅桑田沧海重重。有吴市洞箫孤奏，碧天吹裂晴空。”

在船山所生存的世界里，有谁真正了解船山先生的苦衷？“老夫无藉处，问今古更有几人知？”夕阳一线，残红一片，只剩下传统文化一点可能的生机。所以船山要把自己活埋在中国的历史文化传统中，忘却得失、忘却利害、忘却荣辱、忘却黑白、忘却生死，甚至已经忘却了此身还是不是自己。

在《思问录》内篇中，船山说：“天者道，人者器，人之所知也；天者器，人者道，非知德者其孰能知之！”以天为道，依葫芦画瓢，熔铸人间之器，建立符合天道的人文国家，自然异常重要，这是很多理学学者都知道的道理。但是，当国家政权已经毁灭之时，以人为道，而存天造之器于人的心中，通过文化的拯救，等待时机，使之再度成为现实。这一点，如果不是经历过人生绝大的苦难，是很难真正体会出来的。船山虽然对眼下的现实拯救行为彻底失望，但对中华民族的美好未来，却始终充满绝对的信心。

总体看来，船山是把道器看成是互为体用的关系，以为两者相涵不舍，交相辉映。船山是道、器并重的，而没有长久不变的偏向于哪一方。

学术界一般只重视对历史人物进行思想的研究，而对思想家的生平事实往往重视不够。其实，如果脱离思想家的人生实际，而只关注他的思想，往往会产生对思想家思想的误解。没有一个思想家，会完全脱离自己的人生实际而思考问题。船山就是这样一个重要的典型和范例。

如此看来，将船山的道器思想仅仅当成学术目标来进行研究，显然会导致理解的失误。船山的道器关系，绝不仅仅是一种观念、一种理论或者一种思想，而更是他的人生的过程，是残酷而又惨痛的人生经历，导致了船山对于道器关系说法的前后不一。离开了船山的人生实际，就不能准确理解船山的心理变化过程，从而也就不能正确判断船山思想的真谛。

第十二章　四海无家

虽然永历皇帝还在，但是，瞿式耜和严起恒的死，使得船山彻底绝望。在船山的心目中，南明已经名存实亡了。但是清兵与南明的军队，还在船山的家乡附近交战，清兵依然在追捕船山。船山这一次又将躲到哪里去？天底下还有船山的容身之处吗？

一、山里来了个卖姜翁

李定国于 1652 年七月四日重新攻占桂林，随后又收复宝庆、永州等地，八月攻占衡阳，又击败清军，射杀清敬谨亲王尼堪。尼堪是清太祖努尔哈赤的长子褚英的第三子。尼堪死，顺治辍朝三日，以表示对尼堪的沉痛哀悼。

李定国在这次攻占衡阳期间，派人找到船山，希望船山重新出山，跟他一起辅佐永历。船山当时有些犹豫不决，“欲留，则无净土以藏身；欲往，则不忍就窃柄之魁以受命”。船山为什么犹豫，因为所有的土地都被清兵占领，留下来也没有干净的地方可以安身。要是跟李定国出山，重新为南明效力的话，南明政权实际上又操纵在孙可望的手里。船山不愿意依附孙可望这样的窃夺权力的盗贼，受他的指使。这就是上面一段话语的意思。

船山心里十分矛盾，经过激烈的思想斗争，最终还是选择了不出。船山这次隐居到了耶姜山中，刻苦读书，艰辛著述，决计终老林泉。耶姜山又名白云峰，也称黄帝岭，山北坡是蒸水的发源地。耶姜山上长满了野生的黄姜，可以充饥活命，所以船山才又取号为姜斋，意思是与野姜为邻，食野姜而活命的意思。船山还顽皮地称自己是卖姜翁，写了一首《女冠子》卖姜词，聊以调笑自己："卖姜来也，谁是能酬价者，不须悭。"来买姜吧，给个合适的价，不要吝啬呀！

就在这年十月，孙可望怕李定国独成大功，发动内讧，举兵攻李定国，李定国败退，清兵重占衡阳。湖南衡阳一带，再度成为硝烟弥漫的战场。船山一直躲到1654年八月，才从耶姜山中出来。船山本来打算回到衡阳家中休养一段，看看形势再说。不料外面搜查依然很紧，只好将侄儿王敉留下，以服侍长兄石崖，自己又躲进零陵北洞钓竹源和云台山等地去了。

这期间，乱兵在衡阳一带胡乱抓人杀人。八月，王敉不幸遭遇乱兵，无法脱身，被乱兵杀死于道途。听到这个消息，船山悲痛欲绝。

王敉是船山二哥王参之的长子，追随船山在衡阳起兵抗清，直接参加战斗。失败以后，一直跟随服侍船山，走肇庆、赴桂林，又逃离桂林转回衡阳，与船山一同隐居耶姜山，寻觅食物，探寻路径，侦察敌情，分羹以食，几乎快要到了割自己身上的肉充饥的地步。七年多来，服侍叔父船山，尽心竭力，与船山生死相依，从不畏怯，也从未偷闲。王敉就这样死于非命了，当时才只有二十五岁的年龄。

其实在王敉被杀之前，船山已经听到家中再度遭受劫难，紧急下山，试图把王敉接出来，可惜等不及叔父的到来，王敉已经被乱兵杀死了。

据船山自记："从子敉遴闽而后，与予共命者七年。顷予窜身瑶洞，不自以必生为谋。敉因留侍伯兄。""从子"就是侄儿的意思。船山说王敉从 1647 年父亲过世以后，一直跟随自己。不久前，船山寄身瑶民山洞中的时候，以为这次肯定死了，所以就把王敉留下来服侍长兄王介之。不幸的是，王敉却被乱兵杀死了。王敉如果继续跟着船山，或者船山如果不把他留下，也许他就不会死了。

船山在《五十子定稿》里，有四首悼念王敉的诗，其中两首写道："时日荒荒打枣天，山头回首杳墟烟。当时不道今生别，犹向金风泪黯然。""割股分肌亦屡尽，如今万矢倍攒心。岳阡秋草应含怨，万树严霜杀一林。"就在仲秋八月"打枣"的时季里，爱侄王敉惨遭不幸，船山站在荒凉的野山上面，万箭攒心，泪流满面。这两首令人心酸的诗句，只是船山当时难忍苦楚的形象表达而已，其实船山的内心里更深的苦痛，只有他自己才真正知道！

二、没有姓字的瑶民

船山救王敉不及，转身又回到山中。为了躲避追捕，无可奈何，只能变姓名为瑶人，混在瑶民群里藏身。贫病交加，衣仅弊体而食不果腹。当时有位隐士名叫王卜园，当此万难之际，出手救助过船山。

船山究竟起了个什么样的瑶人姓名，没有留下文字，不敢妄行猜度。我在研究南宋湖湘学派时，知道南宋时期湖南武冈一带有一个瑶民起义首领，叫作李冬不二。李，显然是学习汉姓，但是冬不二是什么意思，恐怕无人真正知晓。

1655年春天，因为有来自常宁的士子就学于船山，船山的踪迹再度被发现。无奈，只得逃避，跑到兴宁山中的僧舍里寓居。兴宁在耒阳南偏东百里许，隔岭就是广东南雄了。

船山一路奔避流离，手不释卷，笔不停书。这年八月，完成了《老子衍》的写作，并在僧房中开始撰述《周易外传》。《老子衍》，就是对《老子》一书的衍义。实际上我们今天看到的《老子衍义》，已经不是最初的原本。船山当时把写完的书稿送给了友人唐端笏，唐家不慎失火，全部烧光了。后来船山又重新根据儿子手中的零散存页，再度抄录补缀而成，但那已经是十八年后的事情了。

船山为什么把自己的著作轻易送给别人？因为当时船山非常困难，都是朋友们送来纸张。为了回报朋友，写完之后，就都送给朋友了。这是船山当时的习惯性做法，所以直到现在，衡阳一带还不断有船山的文字从民间被发现。

1656年春天，船山再度躲避到西庄源，完成《黄书》的写作。直到冬天，才又返回衡阳。返回衡阳以后，不敢家居，又上双髻峰，再度瞻拜二贤祠。1657年夏初，又搬回莲花峰下的续梦庵居住。

讲到这里，我们先放下船山的家事，再来看看国家的形势。

永历八年（1654）三月二十六日，永历帝忍受不了孙可望的遏制，密诏李定国护驾，被锦衣卫使马吉翔告密。孙可望追究"元凶"，杀永历帝身边近臣十八人，史称"十八学士之难"。之后，又设计陷害李定国，1656年三月，李定国和白文选保护永历帝逃到昆明。永历十一年（1657），孙可望与李定国决战，孙可望大败，逃往湖南武冈，投降清军。清军封孙可望为义王，孙可望献计攻南明，清军发二十万满汉精锐猛攻李定国。1658 年七月，清兵再度占领湖南武冈、新宁和城步等地。1659 年，永历在清兵步步紧逼之下，逃往缅甸。李定国前往安南搜集散兵，缅甸酋长乘机将永历迁移，李定国与永历帝失去联系。

三、赶走殖民者

这期间，江东地区南明兵部尚书张煌言，也就是张苍水，曾与南明延平郡王郑成功联手合兵，想要夺取南京。郑成功临时改变与张煌言的协定，又误中清军缓兵之计，败退厦门，转身进攻台湾，1661 年十二月，郑成功占领台湾。

郑成功登陆台湾以后，击败荷兰殖民者。荷兰在台湾的军政长官揆一，抵挡不住郑成功的进攻，荷兰人在与郑成功的交战中全线溃败。到了 1662 年，远在天边的荷兰人，没有办法派遣援军前来助战，揆一不得不与郑成功签订了放弃对台湾占领的十六条协定，无条件撤出台湾。郑成功没有屠杀这些失败的荷兰人，让他们自行“安全撤退”到了印度，当时印度有荷兰人的基地。

荷兰殖民者从 1624 年占领台湾，到 1662 年被郑成功赶出台湾，统治台湾共计三十八年。郑成功结束了荷兰殖民者对台湾的统治，台湾终于又重新回到了中国人自己的手中。

郑成功既然转身入海，张煌言则在没有援军的情况下孤立战斗，失败之后，逃入海上荒岛，继续从事小规模的反清活动。

四、妻室的悲苦命运

1660年春，为了躲避危险，船山在湘江西畔属于衡阳县的金兰乡高节里草制小屋，取名败叶庐，继续苦读艰著。大概是深感复兴天下彻底无望，南明的命运如同深秋里的败叶一样，所以才取了这样的名字。

就在这一年的春天，船山第三子王勿幕又因医治不及而夭折。船山一生生四子，长子勿药、次子王攽，陶氏所出；三子勿幕、四子王敔，郑氏所出。1661年六月，船山第二位夫人郑氏，因为忍受不了丧子之痛，加上生活艰难，危险不时而至，忧惧恐慌而卒，年仅二十九岁。

郑氏是襄阳大户吏部尚书郑继之的孙女，父亲郑仪珂，也以文学被推荐做官。郑氏于1650年二月在桂林嫁与船山，之后，船山出任永历朝行人司行人。1650年六七月，船山为了营救金堡、刘湘客和蒙正发、严起恒等上书时，郑氏正在船山身边。船山反被诬陷，几乎下狱致死，幸亏高一功营救，才免于刑罚。郑氏担惊受怕，但却坚信船山的做法是正确的。她与船山侄儿王敉一道，同船山度过了在永历朝廷中的艰难岁月。

1650年九月，清兵进攻永历，大兵逼近桂林附近，永历帝南逃南宁。船山准备追随永历，携妻、侄一同前往，行至永福，天下大雨，两月未停。船山一家三人被困在一个水寨中，竟至四昼夜米菜未进，险些饿死。当时雨急风猛，三人几乎被大水冲走。郑氏痛哭失声，船山无奈，只得作诗安慰。郑氏理解船山，也深知当时的处境之险，于是破涕为笑。

直到雨停风住，三人才从水寨中出来，因为道路泥泞难行，乱兵遍地，三人几乎又被乱兵所杀。无奈，船山听从郑氏的劝说，转道广东，先回湖南衡阳。这时，桂林已经失陷，船山敬重的瞿式耜也以身殉国了。直到次年正月，船山才回到衡阳家中。而就在1651年正月，清兵已经攻占了广西柳州和梧州。当时船山被困的永福水寨，正在桂林和柳州中间，距离桂林南稍偏西不足百里之内，稍迟一点，就会被清军俘获。船山回到家中，方知老母已于一年前病故，于是放声大哭，郑氏和王敉也都泣不成声。郑氏连见婆婆一面的机会都没有得到。

船山的前两位夫人，都与船山有极深的感情。原配陶氏，是处士陶万梧之女，生在千户之家，家里财产不少，不嫌船山贫寒，不靠娘家资助，甘愿与船山一起，过布衣青灯的艰苦生活。来到船山家中以后，从不向人炫耀娘家的富裕。孝敬公婆，友善亲邻，颇为当地人所称道。张献忠攻占衡阳时，船山出逃，忍泪相别，不知今生是否还能相见，竟至两日未食，作下病源。1646年，乱兵云集衡阳一带，八月，父亲被乱兵杀死，痛哭七日，病情加重。后来娘家弟弟又被抓走，痛不欲生，在哭号中死去，年止二十五岁。当时留下两子，长子勿药，不久夭折，才只有五岁。次子王攽，当时还不足十五个月。

船山后来作《悼亡诗》缅怀陶氏："读书帏底夜闻鸡，茶灶松声月影西。闲福易消成旧憾，单衣愁绝晓禽啼。"是回忆当年陶氏陪伴自己深夜读书，供奉茶汤，直至天晓鸡鸣的情形。"记向寒门彻骨迂，收书不惜典金珠。残帷断帐空留得，四海无家一腐儒。"这首诗的大致意思就是：我还记得你当年嫁到我家的情形，放弃富贵生活，甘心跟我这样一个穷苦的书生艰难活命，真是迂腐透顶啊！为了帮我收购书籍，不惜把娘家陪嫁的金银首饰全都典卖光了。现在呢？你走了，人去屋空，只剩下我这样一个国已不国，家不成家的腐儒，孤坐在空房之中……

情真意切，感人肺腑！

继配郑氏与原配陶氏的境遇稍有不同，陶氏只在家中受惊吓、忍饥寒。郑氏却与船山四处奔波，居无定所，食不济日，有过与船山同甘苦、共患难的更加紧张惊惧的生活经历。

船山对郑氏感情至深，临终嘱托儿孙以郑氏附墓。写《大行府君行述》的王敔，就是郑氏所出，王敔后来把船山的部分书籍推荐给潘宗洛。潘宗洛是清康熙间的湖广学政，潘宗洛读过船山的数种书籍之后，深受感动，为船山写下传记，这是有关船山的第一部传记。潘宗洛还将船山的部分书籍上交清廷，使得船山初为世人所知，对船山思想的最初传播，起到了很重要的作用。

对于郑氏，船山回忆称："小圃忙挑菜，闲窗笑读书。忽惊身尚在，莫是客凌虚。"郑氏死后，船山思念之至，以致神情恍惚。一日竟然看到郑氏又在小圃中忙忙碌碌地往屋里挑菜，而自己正坐在窗前，无事一样翻看闲书。忽然惊觉，方知是白日睁眼做梦，可是直到这时，船山还在心里痴迷的认为，自己刚才可能是被郑氏请到天上做客去了。

船山一生三娶，郑氏去世八年以后的1669年，船山又娶了第三任夫人张氏。张氏为船山生有两女，大一点儿的女儿，因为贫病交加，七岁就夭折了。因为张氏是侧室，所以生卒年失记，今已不能考实。

船山一生，两妻一侧室，大约张氏是船山晚年所收，王敌与王敔都已长成，而且张氏又没有生下男孩，所以没有被扶正。正因如此，船山与张氏的关系，也就不得详知了。船山在《显考武夷府君行状》中，只提到有一侧室，侧室就是妾。船山的这篇文字作成于 1689 年 7 月，张氏生有两个女儿，稍大一点的已经在 1678 年夭折了。所以船山没有把她写进这篇文字里。船山作成这篇文字的时候，已经七十一岁，而不到两年半的时间，船山就过世了。

船山一生生有四子、四女，陶氏与郑氏各出两子一女，三女、四女为张氏所出。船山很喜欢第三个女儿，她的夭折，同样给了船山不小的打击。船山把她埋葬在自己住宅边上的一株老梅树的下面。为了不使小女坟墓旁的树木被砍柴人毁掉，还特意写诗刻在旁边，说明情况："梅根千年荫野土，鹤发衰翁泪如雨。"哀伤之情，溢于言表之外。

船山生逢乱世，眼见自己的亲人一个又一个地死去，只剩下孤苦伶仃的一身，国已不国，家不成家。此时，也许用文天祥的"山河破碎风飘絮，身世浮沉雨打萍"来形容，是再合适不过的了。

五、吴三桂绞杀永历帝

1661 年十二月，永历皇帝被缅甸人交送清兵，1662 年四月八日，被吴三桂用弓弦绞杀于昆明。苟延残喘的南明政权，到此咽下了最后一口衰气。船山闻听，又作《续悲愤诗》一百韵。船山一生因为崇祯、弘光、隆武和永历，共写了《悲愤诗》四百韵，可惜这些诗都没有流传下来。

六、李定国将军之死

李定国听到永历帝被杀的消息，异常愤郁，疯了一样，“披发跣足，号哭抢地，吐血数升”。全军缟素发丧，以孝服临敌，表示必死的决心。李定国先杀掉了自己的妻子，然后又焚毁了军需辎重，联合白文选拼死攻进缅甸，屠其城而后吐血死。剩余数万部队据说散落于缅甸，后来不知所终。

据清人邓凯所著《求野录》称：直到清朝统一以后很长时间，“缅蛮至者云：晋王李定国所葬地，至今春草不生。缅人过之，则跪拜去”。清林慧如所作《明代轶闻》，称李定国是南明最后一位忠臣烈士，虽然出身土匪，但自从投奔南明以后，力刷耻辱，以洗贼名。屡立战功，百折不回，最后殉身缅甸大海。

当年李定国出师恢复，仅用七个月，就重新占领十六府、二州，击杀两王（定南王孔有德和敬谨亲王尼堪），拓地三千里。如果不是孙可望掣肘钳制，几乎恢复了整个湖南、广西，还有可能占领全部江西。后来为保护永历帝，李定国又与孙可望开战，击溃孙可望，孙可望大败降清。降清之后，为清兵献计攻李定国，致使李定国惨败。后来清兵看到孙可望已经没有再利用的价值，就以狩猎为名，邀请孙可望一同前往。正当孙可望前往追兽时，却被清兵当成禽兽，从背后射杀了。

当年李定国攻占桂林时，刘远生、刘湘客和管嗣裘等从山中出来相见。李定国宴请诸位贤士，酒酣以后说：“诸君读史书，以为曹操、司马懿何如人也？智耶？愚耶？”然后自己作答说：“操、懿有戡乱之才，喋血百战，摧大敌，扶弱主，以垂名于后世，如探囊取物。而顾以此博万世笑骂，犹持黄金换死铁，农夫樵竖之所不为，而操、懿为之，非至愚而何？”李定国的意思就是说，曹操和司马懿扶持弱主，力克强敌，战功卓著，本可作为忠臣而名垂青史，但两人偏偏要行篡逆之事，留下千古骂名，真是太愚蠢了。实际上，李定国是借此表明自己效忠永历，誓死不动摇的决心。

船山在《永历实录》中说李定国本来不愿做贼，被张献忠挟持，无奈而从贼。自打反正之后，忠心耿耿，非他贼可比。这是在投降南明政权的所有农民军将领中，船山所能给予的最高评价。看来船山很器重李定国，这也是李定国请他重新出山，船山一度犹豫不决的原因。如果当时不是孙可望把持朝政，而是李定国执掌大权，船山真的可能再次出仕永历朝廷了。

李定国死在六月，郑成功则于此前一月病死，而已经自动撤掉了监国称号的鲁王朱以海，也在这一年死掉了。不久之后，李自成余部李来亨和袁宗第、郝摇旗等所谓“夔东十三家”，均被清军剿灭，而一直坚持在浙东海上抗清的兵部尚书张煌言（即张苍水），也被清军抓获，英勇献身。反清军事行动，至此基本结束。

从1644年五月福王朱由崧建立弘光朝，到1662年四月永历帝被吴三桂绞杀，明朝宗室在中国南方先后建立了弘光、隆武、鲁王监国、绍武，还有永历五个政权，与清军前后周旋十八年。随着李定国、郑成功等南明武臣的次第凋零，南明政权在外逼内乱间，彻底油尽灯枯了。

第十三章　三藩之乱

一、痛悼亡友

南明政权已然彻底灭亡，抗清行动也已经结束，而此时的清朝却正在蒸蒸日上。1667 年，康熙皇帝亲政。康熙自 1661 年即位，当时只有八岁，仰仗祖母、皇太极的皇后孝庄的扶助，度过了恶臣当道的难关，至此开始亲自处理政务。

船山利用这几年短暂的安定时间，完成了《春秋家说》和《五十自定稿》等的写作与整理，还撰写了大量诗歌，后来都被收入《姜斋文集》中。

1671 年底，船山的好友方以智病卒。船山听到这个消息，竟然放声狂哭。方以智（1611—1671），字密之，安徽桐城人，崇祯进士。崇祯初，参加复社，纵情诗酒，品评朝政。李自成进北京时，身任翰林院检讨官。崇祯自缢，前往哭尸，被李自成部下抓获。后乘李自成与吴三桂在山海关大战，京城秩序混乱之际，逃走投奔南明弘光朝廷，受阮大铖排挤，流亡岭南。参与拥戴永历的过程，被永历帝授予礼部尚书、东阁大学士。不久发现永历无能，朝政日坏，于是辞职隐居。1650 年底，清兵孔有德部攻占广西平乐，被俘获，不降，孔有德留给他最后一条生路，就是出家为僧。看来孔有德真是不想杀害南明志士，只要对方出家，自己也就有理由向清廷交代了。方以智同意出家，才免得一死。方以智于 1653 年在南京正式出家为僧，更名弘智，字无可，别号药地。后来转到江西青原寺，做了住持，因此船山称他为“青原极丸老人”。方以智弘诵禅宗曹洞宗教义，1671 年底，被告有暗地反清行为，被清军抓获，押往广西途中，疽发于背而死。

船山在永历朝中结识方以智，对方以智的学识和为人都非常欣赏。方以智与船山交往多年，曾屡次劝说船山出家为僧，船山作诗答复，称：“昔阳秋雨各津涘，鸟道别峰许跻攀。……春鸿社燕皆旦夕，不拟幽忧长闭关。”表达了自己不愿出家为僧的意愿，委婉地谢绝了朋友善意的规劝。方以智与船山两人，在思想上有一定的相互影响。方以智博学多识，年轻时曾与欧洲传教士汤若望等往来，学到了一些西方科学知识。他把西方的科学知识，纳入中国传统的格致之学，著有《物理小识》和《东西均》等著作。方以智有关“质测”之学，对船山可能产生了不小的影响。船山说方以智和他儿子从事“质测之学”，“诚学思兼致之实功。盖格物者，即物以穷理，唯质测为得之。若邵康节、蔡西山，则立一理以穷物，非格物也”。认定他所从事的是真正的“格物穷理”，从事物发展的实际过程中，去认识和把握内中的理则（通几），而不像邵雍和蔡沈等理学家一样，拿事实去证实自己心中的先定之理。

方以智过世，船山狂哭之后，作诗痛悼：“远游留作他生赋，土室聊安后死心。恰恐相逢难下口，灵旗不杳寄空音。”既表达了对方以智深切的怀念，也表明了自己的贞固之志。

二、妖氛重蔓江南

就在船山闭门著述，要为后世留下思想文化火种的时候，一场打着“反清复明”旗号的叛乱，迅速蔓延江南各省。这场叛乱，不仅威胁着刚刚稳定的清朝政权，也彻底打碎了船山先生好不容易才刚刚获得的稍稍平静的生活。

1673年十一月二十三日，吴三桂因为不满康熙撤藩，杀死云南巡抚而举兵造反，随即带兵攻打湖南。这一事件，又把船山稍稍平静的生活彻底打乱，船山又开始过上了新的流亡生活。

1674年初，船山与友人蒙正发一同北避湘乡、长沙等地。蒙正发先回衡阳，而船山却因病留住在寺院的僧房里，直到年底才回到衡阳。当时衡阳已被吴三桂占领。吴三桂造反清廷，起初来势汹汹，很快占领了全部湖南。当时或许因为清廷正在倾力扑灭北京城内的“朱三太子”起事，还没有来得及全力对付吴三桂。

因为吴三桂的一时得手，很多利欲未足的叛将们，好像又看到了新的希望。广西将军孙延龄，首先于1674年二月，起兵响应吴三桂。三月十六日，靖南王耿精忠起兵造反，据福建响应吴三桂，又与郑成功之子郑经联合，互为犄角之势。郑经则借此时机，从台湾渡海出兵，攻克福建漳州。耿精忠勒令郑经听从自己的指挥，郑经不从，双方展开激战。郑经接下去连占了福建的漳州、泉州、邵武、汀州还有江西的兴国以及广东的潮州和惠州等地。耿精忠败死之后，这些地方又被清兵逐次夺回，郑经无奈返回台湾。1676年二月十日，平南王尚之信附于吴三桂，一时间，江南再度大乱。

这些人本来就是势利之徒，因势利而谎举“义帜”，又因势利而“偃旗息鼓”。到了这一年的十月，耿精忠见形势不妙，又重新投降了清朝。吴三桂因私利之争，把孙延龄杀掉了。1677年五月，尚之信也重新臣服了清廷。清廷先是许以戴罪立功，以安抚耿精忠和尚之信，让他们出力攻打吴三桂。等到清廷腾出手来，遂于1680年八月二十八日赐死尚之信；1682年正月二日，又将耿精忠凌迟处死。

耿精忠是耿仲明之子，尚之信是尚可喜的儿子。这些败类，就这样为利而生，为利而死，宣告了罪恶生命的结束。

三、再度奔避流离

当吴三桂于1674年正月将反叛檄文传至衡州以后，船山又开始四处躲避。

船山为了躲避吴三桂，1674年秋，于邻人废弃的房屋故址上，草建新居，名为湘西草堂。大约在第二年春节前，就已经搬进了新居。

需要跟大家说明一下，这里的湘西，不是今天意义上的湖南省西部的意思，而是湘江西畔的意思。古代称呼湘西，都是指湘江的西畔，而不是指今天湖南省的西部地区。宋代人称呼岳麓山，也叫湘西岳麓山，岳麓山就在长沙市，不在湖南省西部，只是在湘江西畔而已。作这样一个说明，是为了不使大家产生地理上的误解。

迁居并没有给船山带来好运，因为吴三桂想拉拢南明遗臣为自己效力，于是蒙正发和船山先生都成了主要的争取对象。船山只好与蒙正发一同逃离躲避，两人曾经两三次同行，到过湘乡、长沙、湘阴、湘潭还有江西萍乡等地，也曾乘此机会，与相关友人会面，接触人物不少。

很多人据此猜测，船山可能是借助躲避战乱为名，私底下进行联络，以响应吴三桂，或者想要乘乱起事。因为吴三桂起初打出的旗号，是反清复明。

船山是否真的准备与吴三桂联手，或者私下里活动，联系明朝的遗老，准备乘机起事，以图恢复明朝的统治呢？

四、“三罪”和“三义”

当此天下大乱之时，船山在思想上确实起过震荡，但是很快就恢复了平静的心态。而当时所谓的震荡，也绝不是为了响应吴三桂或者乘乱起事。

船山一向坚持汉民族主义立场，坚决拒绝清朝统治，对给中华民族带来长久祸患的汉奸，尤其深恶痛绝！船山在《读通鉴论》中说：“谋国而贻天下之大患，斯为天下之罪人，而有差等焉。祸在一时之天下，则一时之罪人，卢杞是也；祸及一代，则一代之罪人，李林甫是也；祸及万世，则万世之罪人，自生民以来，唯桑维翰当之。”

在解说这段话语之前，我先给大家简单交代一下里面涉及的几个人物。

卢杞（？—约785），字子良，滑州灵昌人（今河南滑县西南）。卢杞是唐德宗时期的宰相。先是陷害宰相杨炎，使杨炎被贬而死。卢杞乘机当上了宰相。卢杞当上宰相之后，嫉贤妒能，排斥异己，陷害忠良颜真卿等。当时正处在藩镇跋扈的时期，几个藩镇联合起兵造反朝廷，共推李希烈为盟主。卢杞就促使唐德宗，让已经快到八十岁的颜真卿前往说服。就这样，借李希烈之手，杀掉了颜真卿，使藩镇更加跋扈难治，国家形势陷入了更加混乱不堪的境地。

李林甫（？—752），是唐朝的宗室，因为厚赂唐玄宗的爱妃和宦官而步步攀升，唐玄宗开元二十二年（734），升任礼部侍郎。接着，设计陷害当时既有作为又有坚守的著名宰相张九龄。张九龄被贬，李林甫从礼部尚书升任宰相。他控制朝政十九年之久，杜绝言路，贪赃枉法，陷害忠良。公卿大夫不出其门者，均遭陷害。李林甫表面对人和气，背地里暗下毒手，时人称他“口蜜腹剑”。唐玄宗当时因为宠爱杨贵妃，几乎所有的朝政和朝野官员的任免，全部被控制在李林甫的手中。李林甫还暗地纵容安禄山，使其长期把持外镇兵权，种下安史之乱的祸根，使唐代形势急转直下，由强盛转成衰败，江河日下，从此再也没能重新振作起来。

桑维翰（898—947），字国侨，洛阳人。他是五代时期后晋高祖石敬瑭的宰相。石敬瑭原本是后唐的边镇统帅，当石敬瑭造反后唐之时，惧怕被后唐攻灭，于是接受桑维翰的建议，称儿、称臣于契丹主耶律德光，请求契丹出兵相助。答应在事成之后，将卢龙、雁门以北的全部土地，号称“燕云十六州”，全数割让给契丹。耶律德光就是辽太宗，是辽太祖耶律阿保机的次子。当时还叫契丹国，后来改称辽国。桑维翰和石敬瑭的掏肝喂狼之法，换来了耶律德光的全力支持，后唐被攻灭了，石敬瑭成了中原王朝的主子。

但是，从此以后，契丹辽国肆无忌惮，不断侵扰中原国家的边境，甚至还灭掉了后晋。这种祸患一直持续到北宋真宗和仁宗年间。评书《杨家将》里所讲述的契丹扰乱宋朝北部边陲的祸患，并不是宋朝招惹来的，而是桑维翰和石敬瑭种下的祸根。桑维翰的做法，经常被后世臣子所效法，从此，中国北方女真、蒙古、满族之祸连绵不断，直到二十世纪初，都没有彻底安定下来。

一般学者或者史学家讨论历史，往往以为，为了国家的兴亡谋划，总是没有错处的。而在船山先生看来，情况并不这样简单。

古往今来，为了国家政权的生死存亡谋划，为了自己当下的君王效忠，效果未必都是正面的，有时甚至是反面的，比如桑维翰为石敬瑭和后晋的谋划。如果只为当下政权的存亡考虑，而不把民族的长远利益放在心上，这样的谋划，就会给后世造成重大的祸患。为此而谋划的大臣，虽然是当时的功臣，但同时也是历史的罪人。而这些王朝的功臣之作为历史的罪人，又被船山先生分成三个等级。

最低一个等级，就是像卢杞这样的人，他只为唐德宗一人考虑，同时也是为保住自己的宰相之位考虑，陷害杨炎，借藩镇之手杀掉颜真卿，结果藩镇更加跋扈，善类受到压抑，使国家政权陷入更加混乱的境地。因为他所造成的祸患只在唐德宗一个时期，所以船山说他是“一时之罪人”。

中间一个等级，就是像李林甫一样的人，为了满足君王的私欲，同时保住自己的位置，排挤君子，招揽小人，树植党羽，放纵安禄山等，种下了安史之乱的隐患，整个唐代就此崩溃。因为他的做法，殃及了整个唐代，所以船山说他是“一世之罪人”，也就是一个朝代的罪人。

最高一个等级，也是最严重的等级，就是像桑维翰这样的人。他只知道替后晋——这个他身在其中的当下王朝和所属政权考虑，而不知道为中华民族根本的长远利益考虑，种下了中原华夏民族不断遭受外族侵扰和凌辱的祸根。因为桑维翰的这种做法殃及了子孙万代，所以，船山给了他一个“万世之罪人”的理论判决。

桑维翰为了使后晋不致被后唐攻灭，不惜以割地赔款，甚至称儿、称臣于契丹主耶律德光，为了解决当下政府的燃眉之急，不惜出卖国家主权，出卖民族尊严，用国家的领土和民族的尊严，换取辽国的支持，消灭了后唐。但是，契丹因此跋扈，从此边境再也不得安宁，直到宋代真宗和仁宗年间，依然危害中国北方。有关这一点，就连《草原帝国》的作者、法国历史学家格鲁塞都看得很清楚，他说：“中国古帝国的完整，由于石敬瑭的卖国行径而出现第一道裂痕，而且越来越宽。这直接导致了北中国的沦陷，甚至对十三世纪全中国被蒙古人征服，也负有不可推卸的责任。”以肉投虎，并不能阻止它的食欲，只能助长它的贪心。

因为桑维翰帮助石敬瑭招徕外寇，后世的大臣效法桑维翰，以为这就是保护国家的优秀大臣的做法。女真、蒙古和满洲等族，都是在像桑维翰一样的所谓的国家重臣的勾引之下，才得以蹂躏华夏疆土，入主中国的。所以，船山认定他是千古第一罪人，将他牢牢地钉在历史的耻辱柱上。

船山又严厉而愤恨地下断语给桑维翰说：“自有生民以来，覆载不容之罪，维翰当之。”桑维翰的罪孽，真是罄竹难书，天底下、地上面最恶劣、罪恶最深重的大臣，没有再超过桑维翰的了！船山还说，桑维翰一定是集“千秋之戾气”于一身，否则不至“狂猘之至于斯”。就是讲他一定是把历史中和天地间一切浊气、邪气、恶气、臭气、鬼气、妖气等一切污秽和阴损之气，全都吸纳到自己的身体里去了，要不然，怎么能做出这种连疯狗都做不出来的只顾当下、不图长远的勾当呢？

在船山看来，民族利益高于当时社会利益；当时社会利益，高于国家即政权持有者的利益；而国家利益，又高于任何一个君王的利益。因此，只为当下政权的存亡考虑，就会陷入历史的邪恶。因为如果放弃对于整个民族的历史责任，而只求当下王朝的苟且延续，首先就已经是自私自利，将自己的政权置于整个民族的对立面上了。

船山这段议论，是古往今来对于历史评价的最精彩的论断！船山怎么会有如此古今没有、中西不及的绝等高论？这既是船山学贯古今，长期对历史进行深入思考的结果，同时也与船山的苦难经历，以及在永历王朝中的遭遇密切相关。

船山用“六经责我开生面”勉励自己，沉浸在历史之中。他的沉浸在历史之中，不是像今天的历史系学生或者历史爱好者那样，仅仅看几本教科书，记住几件历史上曾经发生的、自己感兴趣的事情。船山是深入到历史的微小缝隙之中，并且钻进孔孟等圣贤的骨髓里去了。所以，他才能看到圣贤理想中最深切的关怀意识，也才能看清历史的表象背后的最细密、最深刻的东西。

船山既然把桑维翰看成千古第一罪人，而吴三桂又曾为了自己私欲的满足，勾引清兵入关，毁灭了华夏政权。所以，在船山的心目中，吴三桂的罪孽，绝对不会比桑维翰更加轻些。船山怎么能够暗地里活动，去响应吴三桂的叛乱？

同时，船山对乱臣贼子和朝野中的小人一样恨之入骨。船山认为天下有两道至关重要的防线：“中国、夷狄也；君子、小人也。”夷狄自然是第一等的祸患，但他来自外面。而小人同样也是中国的最大祸患，但他却来自内部。内部的祸患，甚至超过外部。

船山又进一步指出，小人为祸比夷狄更加严重，因为夷狄原本并没有一定要夺取中国政权，取而代之的野心，都是小人们为了自己的利益而引诱他们前来，告诉他们中国富饶，有美女、宝玉，于是他们才不惜代价要占领中国。像吴三桂这种民族败类，首先就是因为自己的利益，而置民族于不顾。他原本已经投降李自成，他爹被李自成扣押，他都没有放在心上。只是因为爱妾陈圆圆被李自成所霸占，怀恨在心，为红颜而冲冠一怒，引清兵入关，蹂躏华夏疆土。其实他首先是个小人，小人唯利是图，不顾其他，于是诱引清兵入关，继而又成了民族败类。

船山以为，小人作害国家、民族，超过夷狄。中国先有小人之祸，而后夷狄乘势而有侵窃之行。夷狄扰乱和凭陵华夏，都是小人以利欲为诱饵招来的。吴三桂当年引清兵入关，虽然打着为崇祯报仇的旗号，其实只不过是报私仇解私愤而已。当他引清兵入关之时，他的父亲吴襄还写信劝告他投降李自成。但是因为李自成霸占了他的歌妓陈圆圆，所以才“痛哭六军俱缟素，冲冠一怒为红颜”。作为为国家守边的将领，他的心中根本没有国家民族的观念，只有一己的私欲。虽然李自成混账，但是吴三桂更是败类。船山怎么可能响应吴三桂，帮助他去满足个人欲望，重新挑起战乱，再度将天下苍生置于水深火热之中呢？

船山在《读通鉴论》中，还提出了著名的“三义之说”：“有一人之正义，有一时之大义，有古今之通义。”一人之正义，就是对当下的君王效忠；一时之大义，就是为了一个时期的国家政权和社会安宁考虑；古今之通义，就是中华民族长远的根本利益谋划。船山认为：一人之正义，小于一时之大义；一时之大义，小于古今之通义。

以船山当时所处的时代而言，一人之正义，集中体现在永历帝身上。永历已死，则一人之正义不再有依托，从而也就消失了。一时之大义，在当时完全可以被理解为天下苍生久历战乱之苦，已经处在生死线上，他们需要安宁的环境来休养生息。而吴三桂再酿祸乱，既不是为了明室复兴，便不符合一人之正义，同时也严重违背一时之大义。吴三桂造反清廷，只是因为个人的利欲不得伸张，本身又是千古小人之尤者，更谈不上符合古今之通义。

所以，船山既不会响应吴三桂，也不会因为这种似义非义的一时冲动，轻易起事，放弃自己当下正在实施的，对于中华民族历史文化的再造与重铸的古今之通义！

上面我所讲说的，船山对于历史评判的“三义”说和“三罪”说，是船山历史哲学中最精湛的思想内容。当然这还远远不是船山历史哲学的全部。船山以无比深邃的目光，透视历史，他对历史人物和历史事件的评价，经常出人意料之外，奇光异彩，令人目不暇接。

船山的《读通鉴论》和《宋论》两部著作，是中国历史哲学中最亮丽的宏伟篇章，在中国历史上，占有不可替代，同时也是无与伦比的巅峰地位。这两部著作，就像黑暗隧洞中的光线，照亮了人们通往历史的途程。没有船山，我们对于历史的认识，就不会上升到更高的高度上去，我们就看不清历史中的很多似是而非的东西。

船山为什么能够具有这样的超绝凡俗的高论？

古先圣贤的智慧、历史传统的资源，还有民族、国家的苦难和个体人生的凄苦遭遇，像三昧真火一样，炼就了船山先生齐天大圣般的火眼金睛！船山心明眼亮，历史上的些小环节中的善恶与是非，都无法逃过他智慧的眼睛！有一首歌叫作《借我一双慧眼》，如果你想穿透历史的迷雾，看清历史的真相，那就请你到船山的《读通鉴论》和《宋论》中去借一双慧眼，看懂这两部书，你的眼睛就会放射出智慧的光芒，你就会透过历史的现象，看到历史的真正意义和价值。

根据以上的分析，我敢断言，船山既不可能有准备响应吴三桂的想法，也不可能想到要乘机起事。船山既然已经放弃现实的拯救，投身于传统之中，实施对国家民族的曲折的拯救过程，那么，他的现实的生命，就成了一个载体，一个传统文化和民族历史的载体。因此，他就不会轻易舍弃生命，放弃文化拯救的历史大任。所以，有关船山此一阶段的活动，只能被理解为躲避战乱、伤怀过去和访友疗疾。既治身体的病，也治心理的病。他心里的创伤太重了，需要友情的慰藉和山水的洗润。

“三罪”、“三义”之说，是王船山为评价中国历史确立的最高价值标准，这种说法，已经远远超越了任何历史时代的限制，成为中国传统知识分子评价历史的终极价值向标。这个学说，不仅是王船山深思熟虑的理论成果，也是他通过自己苦难的人生经历，慢慢体会出来的。它同时又是船山身世浮沉的深切感悟和对于现实政治的经验升华。

五、自题小像

1675 年二月，船山乘船来到长沙，画家刘思肯特地登舟为船山画像。刘思肯应该是船山的学生，大约曾经跟船山问过简单的学问，所以船山称他为“刘生”。

船山看着刘思肯给自己画的肖像，哀婉之情油然升起，觉得自己已经今非昔比了。于是题诗称：

老觉形容渐不真，镜中身似梦中身。
凭君写取千茎雪，犹是先朝未死人。

我老了，相毁容衰！满头白发，跟从前相比，简直都不是同一个人了。无论是画里的人形，还是镜中的身影，都像是在梦里一样，恍恍惚惚，如同幻影一般，病弱，憔悴。但是无论容貌怎样变化，身体怎样衰老，这个像中的他，还是那个忠于先朝的王夫之，意志还是那样坚定，永远也不会改变！

船山自 1666 年以来，头发已经渐渐花白，1670 年开始落齿，到这时已经齿豁发白，松形鹤骨。人虽然老了，但是船山的信念，却更加坚定了。

第十四章　劝进风波

一、不作造孽文字

1678年二月，吴三桂准备在衡阳登基称帝，派手下找到船山，要求船山为他当皇帝写《劝进表》。就是要船山写公文，代表天下人劝说他当皇帝，装出自己本来不想当，受天下人推戴，不得不当的样子。

天下的读书人那么多，吴三桂为什么非要找船山写《劝进表》？

我想理由大约主要有以下几个：孟子曾经说过：“天之将降大任于斯人也，必先苦其心志，劳其筋骨，饿其体肤，空乏其身，行拂乱其所为，然后动心忍性，增益其所不能。”上天为了造就圣贤，一定让他吃尽苦头，用这样的方式唤醒他内在的良知，激发他内在的潜能，增长他的见识和才干。船山虽然已经经历了常人所不可能想象的劳筋骨、饿体肤、苦心志，已经空乏其身，但是上天还要对他进行最严峻的考验，看船山是否还能经受得起。从人生的成长和成就的角度考虑，艰难困苦比富贵福泽更有意义。吴三桂之所以非要找船山来写《劝进表》，正是上天借助吴三桂的私心，使船山成为圣贤的最关键、最严峻的考验！

船山在《读通鉴论》中评价秦始皇时指出：上天正是借助秦始皇想要称霸天下的私人野心，成就了国家统一的伟大事业。船山称这种情况为："天道假私济公。"实际上，吴三桂请船山作《劝进表》，也可以被看作是天道的假私济公，假借吴三桂称帝的个人私欲和野心，以成就将王船山造就成圣贤的天道之大公。假公济私，人所共知，人所共愤；假私济公，却并非等闲可知，也绝不是经受者所能自觉。船山一样不知道，这是上天在考验他。科举可以夺魁，这样的考试，可不像科举那样容易！船山虽然已经经历了无限的痛苦，但是还不够。不经过九九八十一难，就别想最后取回真经！

这是吴三桂找船山写《劝进表》的第一个理由。这是上天的理由，也是吴三桂和船山都不知道的理由，世间的凡夫俗子更不会通晓这样的理由！

二是船山是南明旧臣，请船山写《劝进表》，可以拉拢南明遗臣，为自己效力，增加自己的社会实力。

第三，就是船山当时名气已经很大，我这里所说的名气，显然不像今天的媒体所捧红的明星式的名气，也不是船山的学术和思想的名气，而是船山的气节和坚忍不拔的勇气与耐力。或者更确切地说，就是船山的人格魅力，久已为世人所知。就连万峰寺的长老都宣称："不愿成佛，愿见船山。"出家为僧，本来就是为了成佛，为了能够认识王船山，连成佛都可以放弃，可见对船山的敬重到了何种程度！

船山名闻僧、俗两界，文字水平又高，要是船山能够为自己写《劝进表》，那自己做皇帝的理由不就更加充分，更有说服力，皇帝当得不也就堂而皇之，更加体面而又光彩了吗？但是，这也只是吴三桂个人的如意算盘！

我们完全可以想象，船山当时心中的怒火和鄙视，简直快要从胸腔里喷射出来，直溅斗牛了。

但是船山还是强压住心中无比的愤懑，告诉来人说：“我安能作此天不覆、地不载语耶！”我怎么能作这种为虎作伥、助纣为虐的文字？我如果作了这种造孽的文字，天地也不容许呀！吴三桂的使者听了，大为震骇。他不是害怕船山，而是觉得船山的胆子太大了，简直是不要命了。船山又接着说：“某，先朝遗臣，誓不出仕，素不畏死。今何用不祥之人，发不祥之语耶？”我是明朝的遗臣，坚决不出来做官，也从来不怕杀头！先朝已经灭亡，我是灭亡者的余灰，不能给你们带来好运，你们为什么一定要让我这样的人，来说出不祥的话语呢？来人既无奈又生气地走了，船山随后也赶紧逃入深山中去了。

船山既然已经置生死于度外，那为什么还要逃到深山里去呢？

孟子说：“天下有道，以道殉身；天下无道，以身殉道。”如果天下有道，那就用天下之道来涵养和表达自己、投身天下事业，也就是投身于道了；要是天下已经无道，那就不能轻易作践自己，要保留自己有用的身体，去殉、去守护自己的正当信念。不能把自己宝贵的生命，轻易抛掷到混沌不清的现实中去。

船山既然已经放弃了现实的拯救，而返身中国传统之中，以坚毅不屈的意志，在六经的督责下，实施虽然长久，但却坚实的思想文化拯救。那么船山的生命，就与中华民族的文化传统具有相同的分量，因为他的生命，已经成了传承中华历史文明的现实载体。他怎么可能不保存住自己的生命，去完成更有意义的宏大事业，而将生命轻易交给吴三桂这样的邪恶小人呢？所以，船山先生逃入深山，并不是惧怕吴三桂，不是怕死，而是为了开创中国文化崭新生面，是去完成一项更加伟大的历史任务。船山这次逃离，与以往已大不一样，不止只是为了保住自己的性命，而是保存生命，用它去开创中国文化的崭新生机和活力。

二、《祓禊赋》是一篇怎样的文字

1678 年闰三月一日，吴三桂穷极之下，在衡阳登基，做起了皇帝。建国号叫大周，改年号为昭武。

可惜天不作美，那天衡阳大雨倾盆，旗帜全被淋透，号角也吹不出响声，闷闷的鼓声，就像丧钟一样，低沉而又阴郁。拥戴吴三桂的大臣们，一个个更如瘟鸡落在汤里一样，垂头丧气。登基仪式就这样草草作罢了。

就在吴三桂登基那天，船山在深山里作了《祓禊赋》，自我吟唱：

> 谓今日兮何辰？翔芳皋兮兰津。羌有事兮江干，畴凭兹兮不欢。思芳春兮迢遥，谁与娱兮今朝。意不属兮情不生，予踌躇兮倚空山而萧清。阒山中兮无人，蹇谁将兮望春。

祓，是古代驱除邪恶的祭祀；禊，也是除恶的祭祀。从赋名上就能够看出船山的用意，是寄望天地，行使惩恶扬善的功能，为生民清空恶鬼，替天下铲尽妖邪。铲尽谁呀？就铲尽吴三桂这种妖孽！这首赋中有四个不好解的词，其实都是语气词。羌，是句前语气助词，楚辞中有这种用法。蹇，也是句前语气助词，湖南一带习惯这样说。畴，也是语前助词。阒，悠远空阔的意思。

这首赋的意思大致是说：您知道今天是什么日子吗？吴三桂登基，今天还是日子吗？这种日子是人可以在其中活着的吗？我只有像鲲鹏一样，翱翔在天地所造的秀水文山之中，这里干净啊！今天湘江边上出了大事啊，恶魔竟然也当起皇帝来了。这块土地再也不能使人欢愉了。我思念遥远的芳春哪，现在谁能给我的心灵以快乐呀！我的心中已经生不出情感哪，我的心中生不出意念哪，它已经死了呀！我只能孤独地在寂寥、空阔、萧条而又冷落的山中，无意识地徘徊呀！空寂的山中，怎么没有一个人呢？我将和谁一起企盼春天的到来呀！

船山凄苦无比，酸楚无奈。一个重病在身的六十岁老人，受尽人生折磨之后，而今又彻底失去了家园。他就像一匹被四面追赶得无路可逃的孤狼，绝望而又愤怒地徘徊在山巅，凄苦无助地痛哭哀号！

这是怎样的遭遇，这是怎样的人生啊！

三、船山精神的伟大力量

王船山三十三岁以后，大部分时间都是在逃亡中度过，颠沛流离但却笔耕不辍。即使在清朝“留发不留头，留头不留发”的铁血政策威胁之下，王船山至死都没有剃发。但是船山坚贞不渝的意义，却远远不止在于保全头发这件事情，而更在于他在那样艰难困苦的生活状态下，竟然能够在思想上获得那样伟大的成就，不仅著述宏富，而且思考精深至到。船山因此成了后世的典范，船山的典范力量，对无数后来者产生了重大而又深远的影响。下面就举几个例子来具体说明一下。

著名思想史学者、杰出思想家、台湾知名教授韦政通先生，曾经为了解决现代人心理问题，为我们提供了中国古代知识分子的四种典型人格，寄望对现代人的心理拯救，提供有效地参照。

他所提供的四种典范，是孟子的刚健、庄子的透脱、阮籍的狂放和船山的贞固。

以“贞固”来形容船山，虽然不是韦先生的发明，但将其作为中国知识分子的人格典范之一，却是韦政通独到的见识。根据我的理解，贞是指其正当性，固是指其坚定性。正当性是坚定性的根基，人生如果没有对于正当性的把握，就不要指望持守的坚定。而人生的持守如果不坚定，正当性也就会随之化为乌有。

正当性诱发并成就信念的正确性，信念的正当性，诱发并导致行为的坚定性；而行为的坚定性，则能巩固信念的正当性。

船山正是基于信念的正当性，才表现出超常的行为坚定性。而这种行为的坚定性，又反过来巩固和证明了内心信念的绝对正当性。

船山一生矢志不渝，坚忍不拔，百折不挠，虽经千难万苦，而无所惧却；即便生死当前，而置若罔闻。他唯求一生而不得其所生，欲寻一死而不能轻易死。但却坚忍不拔，信守如磐。这就是韦政通先生所说的船山的贞固。

“船山是我的难友”，这是韦政通先生晚年不断挂在嘴边的说法。

二十世纪五十年代中期，韦政通先生为了追求学术和思想的进步，辞掉优裕的记者工作，一个人躲到山里面苦读。经济生活的拮据，使得他有时不得不靠庭院中的木瓜充饥，一次竟然连病带饿，昏倒在庭院里。加上心理的忧郁，韦政通当时已经面临意志崩溃的边缘，就在将要坚持不下去的时候，他幸运地读到了王船山。让他首次领受到被巨人震撼心灵的感觉，船山在那样艰苦的境遇中竟然坚忍不拔，竟然能创造出思想的奇迹，从而也创造了生命的奇迹！“船山的典范，是在精神上支持我度过艰困岁月的一大动力。”就是靠船山典范力量的鼓舞和支持，韦政通度过了生活和心理上的难关，没有就此倒下或者懈怠下去，渐渐走上了学术思想的道路。

典范的作用，除了产生使一般人为之感动的力量外，尤其能令有相同或相似人生旨趣和人生遭遇的人“心向往之”，从而帮助他增强信心，以坚忍的毅力克服困难，走出困境。这种千难万难的困境，对于一个矢志不移的追求者来说，非但不能成为悲观退却、自暴自弃的理由，反倒极易唤醒他的内在自我，鼓舞他的勇气，增强他的信心，成为他克服困难的有效力量。这是典范发生作用的经常性形式。这种形式不受时代和国别的阻隔，没有固定的时空界限。

韦政通先生在自己面临生存和心理双重危机的困顿岁月里，依靠船山的典范力量，走出了灰暗的人生低谷，他又将船山等先贤赋予他的爱和智慧，回馈给了这个世界。他后来成为当代杰出的思想家，与船山的激励和影响有很重大的关系。

船山坚贞不渝的顽强精神，不仅支撑韦政通度过人生的难关，也赋予了他深沉恒久之爱，这份对于思想传统和现世人生的热爱，在韦政通的心里不断发酵，不仅丰富了他自己的生命，也温暖和感染了很多跟他有过实际接触的各个年龄段的各地学人。他把得自于先贤的爱，如愿以偿地还给了思想史研究的事业和生在其中的现世人间。

当我把准备回湖南、在电视上讲船山的事情告诉韦政通先生的时候，老人家显得异常兴奋。他说在自己一生中，最能震撼他的心灵的就是王船山。他说他第一次看到船山著作的时候，立刻就被震撼了！船山的精神，后来成了他度过年轻时期艰困岁月的动力。他以一生没有写出有关船山的专门文字为重大的人生遗憾。他说船山简直就是一个天人！韦先生现在已经八九十岁了，听到船山，说起船山，马上就又心潮澎湃，热血沸腾，热情飙升！

我读船山二十多年了，1987 年，我在哈尔滨的一家书店里，买到一册船山的书，是岳麓书社出版的《船山全书》的第十二册，里面包括《张子正蒙注》《思问录内外篇》《俟解》《噩梦》《黄书》《搔首问》《识小录》和《龙源夜话》。当时不是眼前一亮，而是心灵一颤，几乎无法自抑，就此兴奋不已。感觉世间竟然有这等人，这等书，而自己又能读到这等书，了解这等人，真是没有枉来世上一遭，没有枉做书生一回！此后，读船山的书就成了生活的必需，仿佛吃饭一样。从 1998 年以后，不管工作多么忙，事情多么多，每天都必须读一小时船山的书，用以洗涤心灵，激发热情。船山是我生命的导师，也是我生命中不灭的路灯。

船山的奋斗精神，曾经震撼过无数人，激励他们奋进，帮助他们坚定地度过了生活的难关。所有真正读过，并且读懂了船山的人，都有同样或者类似的心理感受。

船山一生坚守民族大义，不为利欲所动，也不因外部的强大压力而有丝毫改变。

船山不仅在行动上坚守民族大义，他的思想更是充满浓烈的民族主义色彩。他强调华夏民族的利益，高于汉民族国家政权的利益，更高于当下王朝的利益。民族主义，正是船山思想中最闪亮的光点。这一点，深深影响了后世的中国人。杨昌济就说："船山先生一生之大节，在于主张民族主义，以汉民族之受制于外来民族为深耻极痛。此是船山之大节，吾辈所当知也。"

船山的民族主义精神，影响广大而又深远。

著名学者杨树达说："自船山以后，湖南人笃信民族主义，因欲保持自己民族，故感觉外患最敏，吸收外来文化最力，且在全国为最先。"他的话语的意思就是说，湖南人因为受到船山的影响，在心灵深处特别信奉民族主义，保护种族的意识异常坚定。正因为这一点，所以对就对外来的侵略祸患特别敏感，从而吸取外来民族文化的优长，以加强自己民族的内在实力的用心，也就最真诚，在全国也最领先。受到船山重要影响的近代名人杨度甚至说："若道中华国果亡，除非湖南人尽死"，只要湖南人还没有死光，中国就不会被灭亡掉！

受船山影响严重，看重船山民族主义精神的，不止湖南人。

柳亚子也说："王船山著书立说，乃力陈夷夏之防，为世昭见。"章太炎的说法更典型："郑所南、王船山两先生的书，全是那些保卫汉种的话"，他说他读了船山和郑所南的书以后，"民族思想渐渐发达"。

谭嗣同更是船山民族主义思想的隔世知音。他以船山的民族主义思想为武器，指责湘军集团效命满清，说湘军“抵御外侮”则不足，而“自屠割其民则有余”。谭嗣同因此对湘军领袖集团如曾国藩、胡林翼、左宗棠等所谓的中兴将相群体，深恶痛绝。他历数湘军助纣为虐的事实之后指出：“中兴诸公，正孟子所谓服上刑者。”就是说，中兴将相群体，不仅不应该受赏，反倒应该服刑，而且得服上刑，接受最高、最严厉的刑罚处置。

谭嗣同还把船山为祖国的复兴献身的精神，学到了自己生命的深处。戊戌变法失败以后，本来可以像康有为和梁启超一样逃命，但他却坚决选择了被杀身死的道路。按照他自己的说法就是：自古以来的变法之所以没有获得成功，就是因为没有人舍得为此而流血牺牲，那好，就从我这里开始吧！临刑前，谭嗣同留诗给友人唐才常：“望门投止思张俭，忍死须臾待杜根。我自横刀向天笑，去留肝胆两昆仑。”在戊戌变法失败以后，他本可以逃得一条性命，但他不想像东汉末年的张俭一样，只要有人收留，就躲避人家避难，使天下无辜的人受到牵连，遭受祸患。他要横刀笑天，他要像昆仑山一样，即便身死，也要永远地昂然挺立在历史的深处！豪迈不减船山，勇气不减船山，不愧船山精神的隔代传人。谭嗣同推动戊戌变法的真正用心，并不是想使行将就木的满清王朝重新还阳，而是要借此实现华夏民族的浴火重生！

以上所举数例，已经足以使人感到船山民族主义思想的伟大力量。船山的民族主义思想，乃是中国近现代革命运动的精神法宝和力量源泉。

虽然在今日地球将要变成一个村庄的情势之下，我们要学会用新的眼光来看待船山的民族主义，防止陷入险隘的我族中心主义，防止对我们学习世界各民族、各国家思想、学术和制度等的优长造成妨碍，但在船山的时代和近代中国处在外族吞没和列强瓜分的时代里，船山的民族主义思想，其作为华夏民族核心文化价值的一部分，却是不容怀疑的基本事实。

四、再失战友

就在船山躲避在深山中的时候，船山的家中，再度陷入一片哀鸣之中。船山的三女，又因缺少关照，病重夭折，年只七岁。而船山的战友和同学李国相，也在这一年病死于衡山。

李国相这个人，我们在前面已经不止一次地提到，现在我再给大家作一个总结性的介绍。李国相（1614—1678），字敬公，别号芋岩，四川富顺人，因其父医术高明，行医衡阳，被留为衡阳郡医官，李家也就此居住衡阳。

李国相于崇祯壬午年，也就是1642年，与船山同中武昌乡试举人。张献忠占据衡州，搜求读书人为自己效命。李国相坚决不从，用尖刀自割腕臂，以示废人不可用。1648年十月，与船山、管嗣裘联手起兵衡阳，带领儿子一起同清军殊死决战。其子被俘，他依然以残躯与敌人死斗，刚好堵胤锡部队到来，清军逃遁，得全性命，其子得归。衡阳起兵失败以后，隐匿衡山深处，居斗岭三十二年，以种桃为生，称桃坞先生。李国相与船山有不少往来，著有《逸斋费辞》诗集。李国相病逝，船山作挽诗表示怀念，有“为道百战新，汉儿杀羯狗”字句，是对当年衡阳起兵时，奋战沙场的回忆。

李国相诗作得也相当不错，有一首怀念夏汝弼的诗写道：“孤榇沦荒域，生离一梦悭。问天孤雁字，无地钓鱼湾。挂剑情谁寄，焚琴恨未删。苍梧有舜迹，君志在其间。”说是夏汝弼的坟墓孤寂地埋在荒郊野外，生死相别，连梦都这般吝啬，竟然一次也没有让我和你相见……

五、恶有恶报

尽管王船山关于民族主义的论述，比如“夷夏之防”大于君臣之义等，因为限于历史上汉民族正统观念，有明显的藐视在文明程度上落后于华夏民族的周边其他民族的意味，船山也因此而被一些不明真相的历史学者和思想史学者指斥为“狭隘的民族主义”。但是，不可否认的是，他所强调的民族大义，犹如暗夜的火把一样，在国家民族危难之时，照亮了无数仁人志士前行的道路，为他们的人生指明了前进的目标。这种民族大义，又岂是内心只装有个人私欲和政治野心的吴三桂之流所能盗用？

现在还是让我们回过头来，看看吴三桂的这场闹剧是怎样终结，看看船山先生此时又在做些什么吧。

1678 年八月十七日，吴三桂中风，噎嗝，下痢，一命呜呼！

竟然噎嗝死了！得作多大的冤孽，才能受到这样的惩罚?！庄子说：“为善无近名，为恶无近刑。”人虽不刑，而天刑之，正是“获罪于天，无所祷也”。既然伤天害理，还想逃过天地的责罚吗？吴三桂死后，余党推出吴三桂的孙子吴世璠，在昆明继位，改元洪化。湖南一带仍然战乱不止，清兵乘吴三桂之死而反攻湖南，吴三桂的手下无心再关注船山，船山得以安然度过了这一年。直到第二年初，船山才冒险回到湘西草堂家中。

六、麋鹿洞里的春秋岁月

1679 年二月，船山刚刚回家几天，清兵再次夺下衡州，船山只好在儿子王敔的陪同下，再到栌林山中躲避。当时刚好章旷的儿子章有谟前来看望船山，就与船山父子一同躲到了栌林山中。船山竟然在山中完成了《礼记章句》的写作，送给了章有谟。风声稍缓，章有谟离开船山，回到自己的家乡上海去了。

章有谟走后，船山与王敔潜回家中，不料又被发现，于是再度回到山中，这次已无处可躲，只能隐居在一个麋鹿洞中。船山两头不靠，吴三桂和清兵两边都追捕船山。天地之大，船山却无处容身，连村落房屋都不敢入住，只能在麋鹿洞里度过了整个夏天。

在麋鹿洞中的三四个月的时间里，船山玩索庄子，用以慰藉自己痛苦无诉的心灵。庄子真是太伟大了，他绝对是中国知识分子心灵自救的最佳良药。当理想在现实中受挫，不能实现的时候；当人生陷入苦楚，不能自解的时候；当心灵失落，而无所依附的时候；中国的知识分子，就会不约而同地走向庄子，投入庄子的怀抱，寻求心灵的安慰。而庄子也从不吝惜慰藉，使你忘却忧患，帮你抚平创伤，让你感受清凉，助你恢复宁静，伴你度过艰辛难耐的岁月。

船山“以不能言之心，行乎不相涉之世”，行走在这个与自己的人生理想和价值追求毫不相干的世界上，还有什么可说的，又能说些什么呢？难以令人置信的是，船山竟然在这样的处境下，与麋鹿为侣，完成了《庄子通》的写作。这是天地对船山坚忍不拔精神的无上奖赏与恩赐！

船山一生，虽然注解过《老子》和《庄子》，但是时间相隔很远，心态差距很大。《老子衍》成于1655年，那时正是船山精力旺盛的年龄。而《庄子通》则作成于1679，《庄子解》大约也是在此前后完成。此时船山已经六十岁，虽然精力依然健盛，但已经心气平和了。所以，船山对《老子》和《庄子》的态度，竟然前后判若两人！

《老子衍》和《庄子解》，虽然都是对道家著作的评价，但是立意却有明显的差别：《老子衍》对老子针锋相对，句句批评，处处反驳。《庄子解》和《庄子通》则对庄子深情理解，真心取纳。我可以在这里给大家举几个例子来证明这种情形：

翻开《老子衍》，首先映入眼帘的就是"道，可道，非常道"。船山于"非常道"之下注称："常道无道。"这个解法，实际上未必符合老子的原意。常道就是道，是真道，不是可道之道，不能简单地用空无来理解老子的道，不能简单地称"常道"为"无道"。

那么，船山为什么这样解释？显然，船山排斥老子，以为老子所讲，尽皆虚无不实，所以才把老子的常道说成是无道。什么叫无道？无道不是没有道，而是无之道，确切地说，就是船山认定老子的道，本来就是虚无。

在老子的"不尚贤，使民不争；不贵难得之货，使民不为盗；不见可欲，使民心不乱"条下，船山下定论说："'争'未必起于'尚贤'，'盗'未必因于'难得之货'，'心'未必

‘乱’于‘见可欲’。”尽管这样的分析不无道理，但是排斥老子的情绪，明显地裹挟在文字的运行之中。

在《老子》第四十七章“不出户，知天下；不窥牖，见天道。其出弥远，其知弥少。是以圣人不行而知，不见而名，不为而成”之下，船山抗然说：“天下岂有‘不行而知，不见而名，不为而成’者哉！”

在《尚书引义》中，船山还针对老子的“五色令人目盲，五声令人耳聋，五味令人口爽”，实施直接批判，认为这是老子“不求诸己，而归怨于物”，说老子这个说法很愚蠢，指出：“夫欲无色，则不如无目；欲无声，则不如无耳；欲无味，则不如无口。”认为老子的说法，归根到底，还不如去怨恨父母给我们生出了眼睛、耳朵和嘴巴。船山强调，防止外物扰乱心境的办法在于：“君子求诸己，求诸心也。”主要是自己克制自己，而不是怨天尤人。

船山的这类话语，虽然容易被一般读者所领悟，但显然缺少对老子的真正的同情性了解。

而在《庄子解》和《庄子通》中，情况就完全不同了。在《庄子解》开篇《逍遥游》中，船山就以肯定的态度说：“寓形于两间，游而已矣。无小无大，无不自得而止。其行也，无所图；其反也，无所息。无待也。”就是说，人生是可以达到逍遥的真正自由境地的，只要你无所求，无所期待，无所凭借，不论你身份高低，穷达贫富，都能做得到。

在《齐物论》的开篇，船山竟然说出如下一段话语：“当时之为论者多矣，而尤盛者儒、墨也；相竟于是非而不相下，唯知有己，而立彼以为偶，疲役而不知归。其始也，要以言道，亦莫非道也。其既也，论兴而气激，激于气而引其知，泛滥而不止。……此庄生之所以凌栎百家而出其外者也。”

这段话的意思，就是表达他完全同意庄子的主张，以为儒家和墨家都各自以为自己了不起，并且各自以自己的是非为标准，去攻击对方，造成了既无休止，又无意义的争辩。尤其严重的，就是本段引用的最后一句话：“此庄生之所以凌栎百家而出其外者也。”这句话的意思就是，庄子挺然独立，位于百家之上，而又高于百家。栎的本意是用车碾轧，引申为凌驾和超越的意思。如果我们仅看这一段话语，我们甚至会误判船山先生是道家，而不是儒家。

在《养生主》的开篇中，船山写道：“形，寓也；心知寓神以驰，役也，皆吾生之有，而非生之主也。以味与气养其形，以学养其心知，皆不恤其主之亡也。其形在，其心使之然，神日疲役以濒危而不知，谓之‘不死奚益’。”这段话语，几乎就是在宣传老子的“吾之所以有大患者，为吾有身，及吾无身，吾有何患”的非生主义和“绝圣弃智”的反智主义。

而在《人间世》的篇头，船山又说：“人间世无不可游也，而入之也难。既生于其间，则虽乱世暴君不能逃也。乱世者，善恶相轧之积，恶之轧善也方酷，而善复挟其有用之材，以轧乱而取名。名之所在，即刑之所悬也。唯养无用，而去知以及虚，则存于己者定而忘人。生死可外，而况于名？物不能伤，而后庶几于化。此篇为涉乱世以自全而全人之妙术，君子深有取焉。”站在儒家的立场上，这段话似乎更可怕，简直有泯灭是非，忘记责任的嫌疑。而且所谓“君子深有取焉”之类的话语，显然表明船山已经深深地陷在了庄子描述的远祸全身的道术之中。

为什么船山对老子和庄子这样两位道家的宗师态度这样不一致，而前后的表达几成水火之势？

在船山注释老子的时候，他满腔热情地投身现实的拯救，虽然已经失败，但是心中余火未尽，余焰未息。所以只要看到放弃对世间事物追求的话语，就深表反感。奋起抨击老子，也就在所难免了。而且船山正在三十多岁年龄，意气风发，斗志昂扬，忍不住出言相击，甚至不顾言辞过激，也是可以理解的。

但是到了六十岁时，经过一次又一次生死折腾，生命丢了无数次，又都侥幸捡回来。加以南明政权本身，至少不比清朝强，这一点船山是早已看清了。船山此时真可能已经心静如水了，所以才能对庄子有如此深切的同情，才能真正进入庄子的精神世界，才能体会到逍遥的意义和争竞的无聊。

那么，船山是不是就此放弃了儒家救世的立场，而完全转向了泯灭是非、泯灭生死、泯灭物我的纯任精神逍遥的途程了呢？不是的，船山只不过是在庄子那里小憩了片刻。庄子安慰了他已经太痛苦、太痛苦的心灵，庄子又给了船山以精湛的涉世艺术。而这些对于船山，都只是精神的养料，他还将继续奋斗下去，完成他设定的以文化拯救曲折地实施现实拯救的宏伟事业。《庄子》成了他吸纳营养的重要资源。

读船山书的人，都有一种感觉，就是难读，不容易读懂。其中重要的原因之一，就是船山经常借助庄子的话语，而《庄子》一书，本来就难于读懂，加上船山有特定目标的转用，这就使得船山的书读起来更加困难。

很多学者还有另外一个共同的感觉，就是船山的思想经常有看上去前后不完全一致的地方。实际上，正是船山生活遭遇的变迁，导致了船山思想的前后不完全一致。这一点，就如同上面我所分析的船山对于《老子》和《庄子》的态度一样，如果能对船山的实际人生有更加细致的了解和把握，这种感觉就会变得越来越轻。这一点至少表明一个普遍的道理，就是思想家尤其是中国的思想家，是绝对不会脱离自己的人生实际，而虚设一种理论或构建一个思想体系的。人生遭遇的纷不可定，导致了他们的思想不能整齐划一。这不是他们思想能力的不足，更不是他们的逻辑水平不到，而正可以表明，他们忠实于自己的人生，忠实于自己的思想。这一点，正是中国思想家的特点，而绝不应当仅仅看成是中国思想家的缺点或者短处。

那么，船山又是怎样从《庄子》中吸收营养的？而躲避在麋鹿洞中的船山先生，就不会被清兵发现了吗？

第十五章　光辉的人性论

在上一章的末尾，我们说到，《庄子》对于船山，只是精神的养料，他还将继续奋斗下去，完成他设定的以文化的再造，曲折地实施现实拯救的宏伟事业。《庄子》成了他吸纳营养的重要来源。有关船山吸纳《庄子》营养的情况，我可以举一个例子来说明。

在船山先生的全部著作中，处处都闪烁着思想的光芒，而有关人性论问题，显然是船山思想中最强的亮点之一。

一、吸纳《庄子》《礼记》，泄尽人性天机

首先我们必须解决一个概念问题，那就是什么是人性，人性论是怎样一回事？

简单地说，人性就是人的共同属性，或者叫作人的共同本质。人性论，就是关于这种问题的思想理论。人到底有没有共同的属性或者共同的本质，中国传统儒家在这个问题上的态度，是相当肯定的。孟子说："口之于味也，有同嗜焉；目之于色也，有同视焉；耳之于声也，有同听焉。"就是说，人虽不同，分别都是不同的个体，但是，人的感官对于外部世界的感觉却是相通的。都知道什么食物好吃，什么食物不好吃；都知道什么是美色，什么是难看或者丑陋；都知道什么声音动听，什么声音刺耳。

孟子根据人的感官的共同属性，推断人对于人类行为的对

错的判断以及对人和社会的优劣和善恶的评价，也有共同性。这种对于外在事物的共同性判断的基础，来自于人类本身所具有的共同本质。孟子把这种共同的本质称为“善”。就是说，孟子认为，人的本性是善的，而不是恶的，也不是善恶混合在一起的，同样也不是无所谓善与不善的。孟子说，人是带着走向更大的善的原始基因，来到这个世界上的。从本来的意义上讲，人都是善。如果你好好努力，不断自觉地去克服缺点，改正错误，那么每一个人，就都有可能成为像尧舜一样的伟大而善良的人。

孟子还把人天生带来的善的根芽，细致地划分为四种，分别称作仁、义、礼、智。仁的根芽，被孟子描述为“恻隐之心”，简单地说就是同情心；义的根芽，被孟子描述为“羞恶之心”，就是羞耻之心；礼的根芽，被孟子描述为“揖让之心”，就是礼让之心；智的根芽，被孟子描述为“是非之心”，也就是判断善恶的基本能力。后世中国的儒家学者，都按照孟子开创的这条理论之路前进。他们以孟子的性善论为武器，分析和评判世界上行为的善恶，通过他们不懈的努力阐发，使孟子的人性理论不断得到丰富和发展。

到了宋朝的时候，道德君子和儒学大家并世而出，前后呼应。他们分处朝野之间，把孔子和孟子的思想几乎普及到了千家万户。差一点就把中国建设成为道德理想满天飞、道德行为遍地是的一个充满道德味道的理想主义社会。可惜成吉思汗和忽必烈来了，灭掉了宋朝，也打断了这些道德君子的道德美梦！中国社会走向道德理想主义的途程，被拦腰截断了。

但是，宋代儒家在强调人性本来就是善的时候，总是习惯性地借用孟子的话语，并且慢慢地形成了一种不成文的习惯，把人性之善看成是人在有生之初的那一个时刻，就由上天全部赋予完毕了。在以后的人生成长过程中，天便不再赋善予人了。这样，人们就只能不断地去找寻最初时期天所给予的善，认清以后，照着执行了。

但是如果是这样的话，人在最初出生时，被天所赋予的那些善，如果忘记了怎么办？如果丢失了怎么办？宋代儒者认为，在根本的意义上，彻底丢失这种善，是不可能的。表面上的丢失，最多只是遗忘，或者只是生活的尘埃，把最初的善给遮蔽住了，使它蒙上了灰尘，有些看不清了。你只要经常打扫心灵，灰尘被除掉之后，它就会像镜子一样，重新放射出原有的光明。

这样就会出现一个重大的问题，那就是，当这种天赋的善良本性被盖住了，或者“丢失”了，但是还没有被重新找回来的时候，人将依靠什么来判断自己的行为是正确的还是错误的呢？人怎么才能知道，自己的行为是善良的，还是邪恶的？如果无法判断，我们是不是就此停止自己的行动，像死了一样，等待原始的善良被重新发现以后，再开始新的行动呢？而且还有另一面，就是人一旦完全“不动”地等待，又将怎样去发现善或者使善得以重现？

这样显然不行，因为人必须行动，不可能不行动！这就麻烦了，因为不知道对错，还得行动，犯错误的可能性太大了，危险性太大了。因为没有善良本性的指引，人对自己行动的正确与否，就不会有自信，也不会有任何把握！

如果不是船山，我们几乎看不到宋代的这些大儒们，在人性论问题上，竟然有这么大的疏漏！

船山指出：“天地之德，日新富有，流动充盈，随在而昭其义于有形有色，……洋洋日发而无不及。”说天地以生养万物为自己的大德，从来不吝惜自己爱的付出，为了使人类始终都有善性，每时每刻都在不停地给人以善的滋养。不管你在哪里，也不论是什么时候。也就是说，人是无时无地不在接受天所给予的善性。

船山又说：“夫性者，生理也，日生则日成也。则夫天命者，岂但初生之顷命之哉！但初生之顷命之，是持一物而与之于一日，俾牢持终身以不失。天且有心以劳劳于给与，而人之受之，一受其成侀而无所损益矣。夫天之生物，其化不息。初生之顷，非无所命也。何以知其有所命？无所命，则仁、义、礼、智无其根也。幼而少，少而壮，壮而老，亦非无所命也。何以知其有所命？不更有所命，则年逝而性亦忘也。”

就是说，人性是人之所以能够活在这个世界的内在根据，就像水要向下流淌一样。向下流淌，就是水的属性，是水能够存在下去的理由。善，是人活着的标志，也是人活下去的理由和根据。失去了这种根据，人就没有办法活下去。就算活下去，也已经不是人，而只是一种活着的动物了。

人性，是天给人以生命的内在要求，天为了实现自己的这个目的，不会仅仅在有生之初那一刻给人以善性，以后就不再管了，而是随时随地都在不断地给人输血、加油、充气。我这里所使用的血、油、气，都是善的本性的意思。人类的善良，就是这样，在不断地接受上天的赐予的情况下，日渐丰厚，日渐完满。只要人活着，上天就不会停止对人的善的营养供应！

如果有一天，上天停止了对人所实施的这种本性上的输血打气，那么，人马上就会在价值判断上奄奄一息，人的行为是否正当，立刻就会失去根据。有了天随时随地赋予人善的本性这样一个前提，人每天就可以依据上天所给的善性，对照自己的行为，然后也就知道了自己的行为，到底是善的还是不善的，就像照镜子一样。

用哲学的话语来讲，船山先生解决了一个重大的问题：就是人为什么能够知道，自己的行为是善的。人既然能够知道自己行为的善恶，现实的道德努力，就不会是盲目的和无根据的。道德的实践，就有了明确的指针，就有了充足的根据，就有了明确的判断标准。

船山的这个“命日生，性日受”的人性理论，是人类历史上最有光辉的人性理论。这个理论，解决了人类在道德实践过程中，理论和实际相连接的重大难题，弥补了宋明以来甚至秦汉以来，中国人在人性论问题上的看似没有，实则存在的重大的理论缺陷。同时也站到了人类历史上，有关这个最重大、最艰难的理论问题的最高峰！

我在这里，必须提醒大家注意，我是在讲船山人性论，也是在讲船山对《庄子》的吸纳。船山的人性论，我已经在上面说了，那么，他在这个问题上是怎样吸纳《庄子》并从《庄子》那里得到营养的？

上面引用的王船山先生的话语中，有一句，“天且有心以劳劳于给与，而人之受之，一受其成侀而无所损益矣”。这句话是在隐含地批评宋、明时期的儒者，说上天既然不辞辛劳，时时刻刻给人输送善的养料，而人在接受这个恩赐的时候，怎么会只在有生的那一个时刻呢？船山在这里使用了一个比较难懂的词，就是“一受其成侀”。这个词，正是庄子对船山的恩赐，船山是从庄子那里借用过来的。

《庄子·齐物论》中有这样一句话语，“一受其成形，不亡以待尽，与物相刃相靡，其行尽如驰，而莫之能止，不亦悲乎！”这段话的意思是说：每个人在禀受天地之气，脱身于父母之后，就成了人了。但是，生活在这个世界上的人们，却经常被外在的事务所捆绑，不知不觉地就在追逐外物的过程中，失去了对于真正的自由的追求，而完全陷入对于功名利禄等的追逐，从而经常忘记自己是自由的主体，丧失了真自己，使自己沦为外物的奴隶。

《庄子》这里的“一受其成形”，本来是一个很普通的意思，船山却把它借用过来，论述自己的人性论。有时就照着使用，有时还略作改造。上面我介绍给大家的船山先生的那段话语中，就是做了改造以后使用的，所以就成了“一受其成侀”了。大家可能已经注意到了，船山把《庄子》这句话语中的“形”改换成了“侀”。而这个“侀”字，既不是船山的发明，也不是《庄子》所独用。

《礼记·王制》中说：“刑者，侀也。侀者，成也。一成而不可变，故君子尽心焉。”这句话的意思是说，王者订立刑罚以制约百姓，用刑的目的，不是杀人，也不是害人，而是为了使人能够不再作恶，成为善人，成为好人，成为真正懂得礼仪和谦让的人。前一个“刑”字，虽然有动用刑罚的意思，但是动刑的目的，不在于执法，而在于教化。是要通过这种方式，实现教育人、改造人的目的。这里解释得很清楚，“侀”的意思就是“成”的意思。人被“刑”了以后，知错而悔改，也就成了懂礼、守法的人了。

船山糅合《庄子》和《礼记》，同时也活用了《庄子》和《礼记》，创立了自己的人性论，创制了人类思想史的辉煌。

我们讲了半天船山的人性论，而船山先生还在麋鹿洞里躲避着呢！我们现在就一起去，看看船山先生在麋鹿洞里做些什么。

二、陶渊明诗歌与王船山境界

船山还利用在麋鹿洞里的这段时间，给儿子王敔讲解陶渊明的诗歌。“采菊东篱下，悠然见南山。山气日夕佳，飞鸟相与还。”当船山隐居麋鹿洞里，评点陶渊明诗的时候，实际上已经被清兵的游骑发现。这些粗野的士兵侧耳谛听，虽然不甚明白，但听到里面书声琅琅，音韵铿锵，优美中充满坚定。出于莫名的敬重，清军的侦察士卒们相互告诫，不再近前干扰，各自悄悄离去了。

有一天，清兵的大炮打到了麋鹿洞附近，轰然巨响，连附近的树木都被震倒了。惊得麋鹿四处奔窜，山鸟漫天乱飞。但是船山却仿似无事一般，依然评述不停：“结庐在人境，而无车马喧。问君何能尔，心远地自偏。”

三、片鸟孤飞

1679年七月，船山友人蒙正发病卒。蒙正发（1617—1679），字圣功，别号樵云，崇祯末年，率领家乡父老抵御李自成，失败后逃往湖南，依何腾蛟，为章旷前军参谋，与章旷同心协力保卫湘阴。潼溪一战，拼死向前，居功甚伟。章旷惜其才，催促他赶赴衡阳参加永历朝的乡试，中了举人。蒙正发可能是明朝最后的一批举人之一。

湘阴、长沙失守后，章旷南来衡阳，蒙正发再度充当章旷的军前参谋。章旷临终，把全军的重任都托付给了蒙正发，并且希望何腾蛟上奏朝廷，把湖北巡抚授予蒙正发。但是，由于永历朝廷中有人掣肘，蒙正发改入行在，任兵科给事中。后来因为和金堡、刘湘客、丁时魁、袁彭年等上书弹劾弄权官帅，被诬为“五虎”，下狱治罪。船山当年就是为了救助他和刘湘客、金堡等，才劝说严起恒登舟泣谏。后又三次上书弹劾王化澄，几乎被王化澄所害。蒙正发出狱后，起初留在桂林依托瞿式耜。桂林失守，瞿式耜死难，蒙正发流亡山中。后见兴复无望，辗转迁徙，最后隐居衡山斗岭。此后，蒙正发与船山先生经常保持密切联系。为了躲避吴三桂叛乱，还数次和船山共同出行，到过湘乡、长沙、湘阴、湘潭和攸县等地，直至病逝于家中。

蒙正发是船山最要好的朋友之一，后来又居住不远，互相砥砺，以坚定志节。同时，两位老人还互相安慰，以排解晚年的寂寞。蒙正发死后，船山感到更加孤独了。蒙正发死时，船山仍在麋鹿洞中，闻讯赋诗，以寄托哀思：“闲愁生死外，回首故人无。南望墟烟迴，西飞片鸟孤。”

在同志尽亡的情况下，已经步入晚年而依然孤苦无助的船山先生，就像一只孤孤零零的鸟儿一样，孑然而又茕然地行走在人世间。

正当船山潜心著述的时候，天下的形势又发生了重大的变化。

1681年正月，郑成功的儿子，占据台湾的郑经死了。郑经的儿子们开始内讧，本来郑经在死前已经把台湾交给了自己的儿子郑克钦，但因郑克钦为人刻薄，郑经的部下不愿意受制于他，就联合起来强迫郑克钦自杀，最后把郑经的次子郑克塽推出来，承袭了延平郡王的爵位。十月，清兵攻破昆明，吴三桂的孙子吴世璠自杀，清兵戮其尸，献首京师。不久，清军又发掘了吴三桂的坟墓，把他的朽骨剁成细小的碎块，分发到全国各个省份去。一方面想起到杀一儆百，以儆效尤，稳定新生政权的作用；另一方面也是扬恶于天下，让天下人都知道吴三桂到底是个什么东西。直到这个时候，持续了八年之久的三藩之乱，才被彻底平定。

1683年七月十五日，郑成功的孙子郑克塽奉表降清，就是给清朝写投降书，请求接纳。八月十八日，清兵登陆台湾，郑克塽等剃发受诏，清廷正式统一台湾。

四、寒冷的山林

1679年深秋，山乡异常冷落。一位从江西来的客人，又给船山带来了不幸的消息，船山这才知道，自己科举时的总房师欧阳霖已经过世三年多了。

如果说章旷和蔡道宪与船山是亦师亦友的关系，那么欧阳霖则是船山最尊敬的老师。壬午科举之后，船山准备去北京参加会试，选择从南昌走，就是受欧阳霖之约，欧阳霖当时就住在南昌。因为道路阻隔，腊月时还在和欧阳霖一起谈论时势。

欧阳霖劝说船山先回衡阳照顾父母，等以后天下安定了再说。师生就此分手。

后来左梦庚叛降清朝，江西住不下去了，欧阳霖南逃至广东，在永历朝中任职。看到武将跋扈，朝廷不能治。欧阳霖提出一个有效的建议，永历朝廷根本不予采纳，欧阳霖感到前途无望，于是又返回江西。欧阳霖翻越南岭返回江西，走到湖南永新县，暂住石角山寺庙里。刚好船山在衡阳起兵抗清失败，一路向广东逃难，也来到石角山僧寺中，师生意外相见，格外亲切。两日长谈，铭心刻骨，船山与老师依依不舍。

分手之后，船山再也没有见到欧阳霖。直到此时才听到欧阳霖的死讯，不禁哀从中来，悲情化作诗草："后此遥天真寂寞，寒山掩泪凝霜髭。"老师走了，我也老了，辽阔的苍天，真是令人感觉寂寞呀！在寒冷的山林里，船山纵横如雨的老泪，一滴一滴地滚落到雪白的胡须上……

在那个纷乱不堪的时代里，人的生命，就如同如蝼蚁一般，根本引不起乱战者们的注意和关心。船山的亲人和师友们，如同飘零的落叶一般，纷纷被时代的风雨打落在地，最终都被碾轧成为尘土。

此时的船山先生，就如同失群的孤雁一样，眼望苍天，苍天无言，俯瞰大地，大地无声。国破家亡，身世飘零，人生最痛苦、最不幸的事情，船山先生都经历过了，但他那孤独而悲苦的心灵，依然在支撑着自己，沿着文化拯救的道路，踽踽前行。

第十六章　拒见清朝官员

清朝从1644年入关，到1683年平定台湾，前后用了四十年，最终统一中国全境。在这四十年中，王船山经历了无数的生离死别，目睹生灵惨遭涂炭的悲苦现实，在恢复河山的梦幻破灭以后，他坚毅地将传承历史文化、延续圣贤血脉的责任安置在自己心灵的深处。他把这个理想当成自己活下去的唯一理由，他以“六经”的督责为动力，坚忍不拔地行进在为中国文化开创崭新生面的艰难而伟大的途程之中。

但是，残酷的现实，仍然不断地摧残着这位已经风烛残年的老人，在人生最后几年里，他那哭瞎的眼睛，依然在流泪；他那千疮百孔的心灵，依然在淌血。

一、长兄也走了

1670年以后，船山先生一直身染沉疴，久病不愈，时轻时重。1686年正月三十日，长兄石崖先生过世。船山哀毁骨立，作《孤鸿赋》以表哀思：

白日昭而忽驰，青春流而犹昔。
芙蓉死而红陨，白苹凋而香匿。
枫零零以坠丹，波渺渺而流碧。

船山又为长兄作《石崖先生传》，称：“吾兄之先我而逝者，意其留夫之之死，以述兄之行欤？”伤兄之泪，流落到船山衰老的脸颊上。十月，石崖长子王敞，又因父亡哀毁过度而病卒，终年五十七岁。船山悲痛不已，亲自率宗族中数十人前往参加葬仪。

王介之（1607—1686），字石子，号石崖。他不止是船山的长兄，还是他的同科举人，既是船山生死相依的朋友，也是船山早年的启蒙老师。

在船山的两个哥哥中，船山与大哥石崖关系更加密切。两人都慷慨豪壮，刚健不屈，百折不挠，同时又都坚定而自信。性格相投，使得船山与长兄的关系比对二哥的关系更加亲密。船山从小就跟随石崖学习《十三经》等儒家经典，还和石崖一同躲避战乱，共同商议营救父亲。船山与石崖，感情极为深挚。石崖病逝，给船山已经彻底破碎了的心灵以最后和最无情的一击！

石崖也是一位优秀的学者，秉承家学传统，研治《春秋》，著有《春秋四传质》，属稗疏类。将《左传》《公羊传》《穀梁传》《胡安国传》四传之说，进行比较，评定正误，颇多自己见解。与其父王朝聘、其弟王船山的说法基本不二，属王氏家传春秋学的做法。另外，他还著有《诗参序》《易本义质》等学术著作。

1688年五月，王敞的长子把石崖生前所住的房屋改建为祠堂，用以纪念祖父石崖。祠堂正面的楹联是船山亲笔所作："门外黄鹂啼碧草，他生杜宇唤春归。"这是船山最后的孤苦，他已经听不见黄鹂的啼鸣，而杜鹃能否唤回他生命深处苦苦追索的春天，这个希望只能留待来世——"他生"去实现了。

二、春天还会来吗

船山自1687年以后就双耳失聪，已经听不到窗外杜鹃的叫声。但在他的心中，却依然燃烧着以拯救传统来拯救祖国的澎湃激情。

船山一生，身遭国变，奋身拯救，失败后奔避流离，隐匿深山，改变方略，寄望于通过对传统的拯救，期待未来中国的重新复兴。晚年以后，船山身体情况越来越差，即使在拿不动笔砚的情况下，都从未懈怠，也从未放弃。

葬毕长兄石崖，船山于归途中寄宿别峰庵一夜，此时别峰庵二如长老已经过世，船山以诗联挽别称：

> 无事何必到南乡，不争名、不争利、不争地权，既住了二十多天，应该要快些走走；
>
> 有心要求谋东西，志在国、志在民、志在世界，忙奔着五千余里，哪晓得死便休休。

这副对联，既是船山对二如长老的赞美，同时也是船山对自己人生的总结和慨叹。只要一息尚存，船山就不会放弃有如从前一样的努力！

从别峰庵归来以后，船山就再也没有出门走动。因为走了太多太多的路，他已经疲惫不堪，加上病情不断加重，他再也走不动了！曾经意气风发，抱负凌云的船山先生，如今却已衰病老迈，齿落行迟。从明朝万历末年到清代康熙中期，四十余年的乱世浮沉，船山眼睁睁地看着南明的几个所谓的王朝一个个沉沦下去，更凄惨惨地承受着家人和亲友们的相继离世。心灵的痛苦，已经没有办法用语言彻底表达了。

三、死难的亲人们

从1643年张献忠占据衡阳开始，船山一家就注定了永无宁日的生活。直到船山病逝以前，船山失去亲人的情况约略如下：

1643年冬，船山小姨被乱兵所杀，年龄不知；

1646年秋，船山岳丈陶万梧被乱兵所杀，年龄不知；

1646年十一月，原配陶氏忧愤伤心死，二十五岁；

1646年底，舅父谭玉卿被乱兵所杀，年龄不知；

1647年春末，长子王勿药夭折，五岁；

1647年六月，小叔王家聘病卒，季婶娘不久亦卒；

1647年八月，二哥王参之病卒，三十三岁上下；

1647年八月，二叔王廷聘卒；

1647年十月，二婶吴氏卒；

1647年十一月，父亲王朝聘卒，七十八岁；

前面我在讲到这里的时候给大家说过，1647年，就像船山一家的末日一样，一年之内，连丧六位至亲，父亲、儿子、哥哥都在其中。

1651年八月，母亲谭氏卒，七十四岁；

1654年九月，侄王敉（仲兄长子）被乱兵所杀，二十五岁；

1660年正月，三子王勿幕殇，八岁；

1660年，内弟也是学生郑忝夭折，十四岁上下；

1661年六月，继配郑氏伤心忧惧死，二十九岁；

1670年三月，长孙王夏夭折，两岁；

1678 年八月，三女夭折，七岁；

1686 年正月，长兄王介之病卒，八十岁；

1686 年十月，侄王敞（长兄长子）哀伤过度卒，五十七岁；

1690 年六月，船山子王的原配刘氏病卒，二十七岁以内。

另有一孙名王生万，也夭折在这期间，还有船山的第三任夫人张氏，因为失记，不知卒在何年，根据情况判断，大约也死了在船山之前。船山二叔的次子王钊，仲兄次子王致，二叔的三个孙子王恪、王恬、王子伟，另如大嫂、二嫂，还有一位堂兄等均在此间过世。

这只是我的一个不很精细的统计，而上列死亡的四代三十余人中，几乎所有人的死亡，都含有非正常死亡的因素，都有那个时代的战乱和饥荒以及因此而导致的医疗不及等原因。这些人都与船山有很直接的关系，他们的死亡，都对船山产生过重大的心理影响。我们也可以从这样的一个侧面，来了解船山先生实际生活遭遇的凄苦，以及这种凄苦给船山的心灵所带来的无尽的痛楚。

船山经千难而不回转，历万死而不悔变，以无法想象的惊人毅力，完成各种思想、文化著述千余万字，创造了世间生命所未曾有，也不曾听说的奇迹。他真正是一位地地道道的天人！

四、梦未圆时莫浪猜

1689 年九月，画家刘思肯前来看望船山，为船山再作小像。这位肖像画专家，十四年前就曾为船山先生画过小像。在船山的时代，照相机还远没有发明，要想留下形象记忆，就只有依靠画像。刘思肯这次看望王船山，又为船山画了一幅新的肖像。船山看着画中自己的形象，不禁感慨万端，感慨之余，作了一首《鹧鸪天》词：

把镜相看认不来，问人云此是姜斋。龟于朽后随人卜，梦未圆时莫浪猜。　　谁笔仗，此形骸，闲愁输汝两眉开，铅华未落君还在，我自从天乞活埋。

船山憔悴得连自己都不认识自己了，但他还在以笔作剑，坚韧地行进在通过拯救传统来拯救祖国的途程中。船山已经把现实的人生过程和内心里的文化热诚熔铸在了一起。为了中国的复兴，船山已经把自己燃烧得只剩下一层干皮！但他还在坚持，直到把仅有的一点生存资本，全部拼光为止。为了中国文化的复兴，船山真是奋斗到了最后一息。只有中国文化，才是船山真正的坟墓！

船山还作了一首自题遗像词，称：

孤灯无奈，向颓墙破壁为余出丑。秋水蜻蜓无着处，全现败叶衰柳。画里圈叉，图中黑白，欲说元无有。只应笑我，杜鹃啼到春后。

当日落魄苍梧，云暗天低，准拟藏衰朽。断岭斜阳枯树底，更无行监坐守。勾撮指天，霜丝拂项，皂帽仍粘首。问君去日，有人还似君否？

这首词的上半阕是说：瘦削的自己，面对无奈的孤灯，衰老的影子，在残破的墙壁上晃动着，看上去显得异常难堪！图画中的主人，似乎有什么话要说，但却不知从何说起，也不知究竟还有什么可说。就像一只深秋的蜻蜓，时季已过，叶落枝枯，已经无处落足了。人们可以尽情地笑话我，只有杜鹃知道我的心思，它也像我一样，不停地在为春天而啼鸣。

这首词的下半阕的意思是说：想当年我投身拯救，衡阳起义失败以后，失魂落魄地跑到苍梧，准备把自己的残生了结在那里。可是谁曾料到，竟然因为奸人迫害，连这样一点可怜的愿望也没能实现。不能好好的生，就连落魄的死都不能满足。那个时候，云暗天低，压得人根本喘不过气来！抬头仰视，霜染了一般的鬓发低垂下来，轻拂着衰老的颈项。只有黑色的帽子，作为汉族知识分子的标志，还牢牢地粘在头上，没有被强行地摘掉，也没有被主动地丢弃！

船山先生在这首词的最后，感慨地说：不知道等我死了以后，还会不会有人能像我一样，像看守性命一样地看守中国的传统礼仪了？

船山已经将自己的全部生命，毫无保留地融入到传统之中，他的未圆之梦，就是“志在民、志在国，志在世界”，志在传承古圣先贤的精神，使之薪尽火传，永远光耀华夏神州，光耀人间世界！

五、拒帛留米

泪干血尽，风烛残年的王船山，孤寂、清苦地撑持着自己的生命，他还在坚忍地著述，传承着中国文化的薪火。但是，即使这样，他生命的最后时光，依然不能彻底平静。

船山谢世前两年，清朝的湖南巡抚郑端，委托衡阳郡守前往船山家中探望，把一些米帛赠送给船山。船山留其米而还其帛，并以病体缠身为由，拒绝见面。

船山并没有退还所有东西，而是留下了清朝的官员送来的米。这件事情，曾经引起一些人的非议，以为船山有变节的嫌疑。民间盛传船山“头不顶清朝天，脚步踏清朝地”，就连出门行走手里都举着阳伞，脚下还穿着木屐。很多人据此以为，船山不应当留下清朝官员送来的粟米。这个说法，其实并没有真正的道理。

就在船山临终前的几年，天下的情势，又有了很大的新变化。俄军入侵中国，蒙古噶尔丹部造反。1685 年五月，清廷派遣彭春、萨布素两位将领，于黑龙江击败俄国占领军，夺回了被他们强行占领了二十年之久的雅克萨城，俄军被迫退走尼布楚。清军撤兵之后，俄军再度占领雅克萨，清军统领萨布素将军以重炮轰击，击毙俄军统帅托尔布津。俄军请求停战，企图通过谈判获得利益。直至 1689 年七月，《中俄尼布楚条约》签订，清方以相当的让步划定中俄分界线，表现了战胜者的大度与宽容。这一事件传到欧洲，就连德国的著名哲学家莱布尼兹都对康熙大加赞赏，认为康熙是人类历史上“空前伟大的君主”。

紧接着，清朝又平定了蒙古噶尔丹部的叛乱。

清朝在康熙时代，为保护国家主权，抵御外来侵略和平定内部叛乱，做出了重大的努力，并取得了辉煌的成就。

有关这些情况，船山先生想必不会了无所闻。相比明朝的统治者和当时境内的各种武装势力的互相倾轧，争权夺利，无视国家的存亡，无视苍生的苦难。船山在自己的心中，能没有对比和判断吗？难道我们一定要让船山咬定一个念头不撤口，才算是我们对于船山的敬重不成？

其实有关于这一点，我们也许可以从船山晚年的著作中，找到一些线索：船山在晚年完成《读通鉴论》，他在后序中自称“不言正统”。就是说，他并不认定历史上的任何一个政权，可以有担待正统的资格，汉、唐、宋、明都不能例外。一切要看是否有利于民族、苍生和国家，这是他评判历史的最终极的准则。船山的儿子王敔，在船山死后入仕清朝，成为湖广提学潘宗洛的幕府，这肯定不是对船山的背叛。如果不经船山生前许可，这种事情是绝对不会发生的。

思想家的思想，一定会随着时间和条件的推移而发生变化。如果思想家的思想不能随着时势的变化而变化，而是咬定一个固定的观念至死不放，那么，他的执著，就很可能变成一种顽固。信念可以不变，而对事物的看法和对待事物的态度，是一定会随着情况的变化而变化的。

况且我们还可以退一步讲，船山接受此米，也不必一定被理解为接受了清朝的赏赐。船山在家庙中曾经写下这样一副对联：

天地德，祖宗恩，当酬当报；

皇王土，圣贤书，可耕可读。

这块土地，就算已经被清朝统治，那也只不过是强占，原本就是炎黄所开辟，原本就是华夏的圣土，原本就是华夏生民赖以存养和延续的资源，为什么不可以吃这块土地上由华夏生民耕种出来的粮食？

第十七章　不是所有的政权都有资格占据华夏江山

——王船山笔下的晋、宋优劣论

《读通鉴论》，是王船山先生“史论”方面最具有代表性的作品之一，不会看的只是看个热闹，会看的往往会拍案叫绝，船山对南朝刘宋王朝的开国君主刘裕的评说，就是一个鲜明的例子。

船山与一般的史学家不一样，一般的史家，只就当下政权或者历史上曾经存在过的政权本身在施政、军事行动等的具体问题上，评论其利害得失，像司马光的《资治通鉴》和历代的“史论”之类，大致都不能跳出当下的格局从长远的观点看待历史。船山则常从根源上开始论说，他并不肯认历史上曾经存在过的政权，都有统治华夏疆土的资格，也不肯认曾经占据江山的统治者都具有合法性和合理性。在他的心目中，只有少部分政权，才有资格成为中国的主政者。刘裕就是其中之一。

一、两个王朝的优劣对比

“宋得天下与晋奚若？曰：‘视晋为愈矣，未见其劣也。’”船山在论说刘裕的一开始，就先设了一个问题：“刘宋获得政权与司马氏获得政权相比情况如何？”好像是在问正在阅读《读通鉴论》的读者一样。船山又不待读者反应，自己回答说：“比晋强多了，没看出哪里不如司马氏。”

船山批判了抬高“晋”贬低“宋”的习惯性评价。船山首先指出了宋与晋，虽然都是通过不义的抢夺手段，又同样以掩人耳目的“禅让”形式获取政权，同样没有合理性与合法性。但船山同时指出，曹魏政权虽然没有最终建立统一的国家，但已经在所辖地区内，基本实现境内稳定，百姓也渐趋安居乐业，达到了“小康”的程度，对中国社会和黎民百姓是有贡献的。这样一个政权，在没有明显过失的情况下却被司马氏无端篡窃，司马氏的不德非常明显。而刘裕窃夺司马氏政权时，司马氏已经彻底将天下败坏掉，不再具有任何可以持续下去的合理性理由。而且刘裕不像司马氏，原本借助曹魏的信重，在曹魏的扶持下长大，之后又趁人之危，颠覆人家的政权。刘裕是靠自己的功绩和勋劳，拯救了将要灭亡的东晋，进而赢得了人心。

针对以势力的大小，判定政权是否合理或者评判政权高低的标准，船山先生指出，判断一个政权是否具有合理性，或者曾经存在过的政权的高低和优劣，标准不是势力而是道理。如果按照势力来确定一个政权是否具有合理性或者政权之间的高低，那么就可以说，春秋时期的楚国、齐国、吴国和越国等，都可以和周朝相提并论；甚至还会把秦始皇抬高到“五帝”“三王”的上面去，把秦始皇当成比“五帝”“三王”更加伟大的君主。因为秦始皇的势力，确实要比远古时代的三皇五帝大得多。

“君天下者，道也，非势也。”这是船山评判历史的出发点。就是说要看一个政权的优劣，首先要看它的合理性和合法性，而不是看它的势力的大小。如果后世的历史抬高司马晋而贬抑刘宋，那就等于“崇势”而“抑道”，压抑公理而屈从势力。这样做的恶果，将导致向后的历史不再看重正当性与合理性，陷入以势力为评判标准的恶劣泥潭。如此，则将形成世俗生活中普遍地趋炎附势，天道、正义都会因此而尽皆扫地。

面对低劣无明的世俗社会和庸碌无识的历史学家们认为司马氏获得政权也是因为军功，比如灭蜀、平吴之类的说法，船山明确指出：司马氏的所谓“灭蜀平吴”，实际上都是曹魏早已做成的客观趋势，这份“功绩”不是司马氏的，而是曹魏的，应该还给曹魏才对。曹魏早已定下灭蜀平吴的长远大计，而且已经在实施过程中，即将获得最后完成，司马氏只是顺水推舟，把曹魏已经煮好的饭菜从锅里盛出来而已。司马氏不仅无功反而有罪，窃夺曹魏政权以后，只传到第二个皇帝，就把曹魏经过艰苦奋斗得来的统一格局彻底葬送掉，北方全部土地尽被司马氏丢弃，成了北方少数部族的养马场和放牧地。北方疆土的沦陷，既不是曹魏统治的恶果，更怨不到刘宋的头上，都是司马氏的庸碌无能所导致。而就在司马氏“助成”北方少数部族横行无忌的时候，刘裕却能“东灭慕容超，西灭姚泓”，使得雄起于北方不可一世的拓跋嗣和赫连勃勃闻风丧胆，“敛迹而穴处”，深深躲避，不敢再像从前那样猖獗。

船山用这样的对比，毫无遮蔽地揭示了宋武帝刘裕远远强于司马氏的事实。在此基础上，船山又进一步对比了南朝刘宋和在它之后的其他几个政权，如萧齐、萧梁还有后面陈霸先建立的陈朝，这些政权只是躲避在长江以南，既无进取收复华夏民族中原失地之心，更无与北方强悍少数部族作战以争高下的勇气。

二、抬高刘裕是否会为乱臣贼子张本

船山意识到自己上面的说法，可能会遭到后世所谓的“正统派”史学家的指责，说他抬高刘裕会为后世篡夺政权的乱臣贼子张本。船山自己事先做了反驳性的说明指出：李渊和李世民原本都是隋朝的臣子，宋太祖赵匡胤也是后周的大臣，可是后世全都心甘情愿将李唐和赵宋当成正统来看待，理由就是他们都统一了之前分裂的天下。做出这种评判的出发点，是只看到他们使用“义”的手段，假借了“禅让”的名目。如果要改用“篡权”的标准来看待，那么李世民和赵匡胤跟刘裕就不会有什么差别了。

船山的意思，是批评庸碌的史学家们，把历史的评判标准当成不能变动的僵死教条，这样的做法会导致整个历史的书写失去正大的目标，同时也会使以往的历史失去可以参照的价值和意义。更严重的后果，就是只顾去同情司马氏的不幸遭遇，而置中原华夏子民深陷夷狄的统治而不怜惜，并且甘愿舍弃北方国土，以求苟安于江南。“爱其（司马氏）如线之绪以存之，徒不念中华冠带之区，而忍割南北为华、夷之界。”

在整个中国走向真正家天下的专制制度以后的历史时段内，船山似乎只承认刘汉、李唐和赵宋，为具有合理性的政权，而对割据政权很少有正面的积极评价，只是对试图并已经做成统一之势的曹魏，还有处在汉、唐之间占据江南一隅的南朝刘宋王朝，给予了很高的评价。而在两者之间，船山对刘宋王朝的评价似乎更高一些：“永嘉以降，仅延中国生人之气者，唯刘氏耳。”认为南朝的刘宋，是西晋永嘉（307）之后，一直到唐朝建立之前（618），三百多年间，唯一能够表明中国人还有一丝“活气”的政权。

自西晋永嘉以后，随着匈奴人刘渊脱离汉朝建立少数部族政权，接下去的280年间，匈奴、鲜卑、羯、氐、羌等族，纷纷在中国的北方建立政权，北方全部成为各个少数部族的囊中之物。这就是历史上的“五胡十六国”。

东晋虽曾想有作为，最终却没有能力获得稍微像样一点的成就。刘裕却能灭掉两个少数部族的政权，并且一度长驱直进，收复河南和山东等省的大片土地。

“自刘渊称乱以来，祖逖、庾翼、桓温、谢安经营百年而无能及此。”

为了更清楚地理解船山的这段话语，需要把里面涉及的几个人物和事迹简略介绍一下。

祖逖（？—321），字士雅，少有大志，与刘琨闻鸡起舞，后因西晋沦丧、北方战乱而避地江南，率领部曲和族人积极筹划北伐中原事宜，经过五年多艰苦奋战，曾经收复安徽等部分失地，后病死。

庾翼（305—345），字稚恭，颍川鄢陵（今河南鄢陵西北）人。自幼“风姿秀美”，胸怀大志。曾为晋代名流陶侃的幕僚，后来因功升为南郡太守，庾亮死后，代替庾亮镇守武昌，时刻准备北伐中原，向前赵开战，未及付诸实施而因病谢世。

桓温（312—373），字元子，谯国龙亢（今安徽怀远西北）人，曾经担任东晋琅邪内史、徐州刺史、荆州刺史、江州刺史、扬州刺史、征西将军、都督天下诸军事、大司马等要职。347年率兵攻灭割据成都的李氏成汉政权，使四川重新回到东晋手中，又三次出兵北伐，几成大功而兵败垂成，后欲篡夺东晋政权，被谢安、王坦之所沮而没有付诸行动，不久病死。

谢安（320—385），字安石，号东山。东晋著名的政治家、军事家，曾经亲自领导并指挥淝水之战，以五万兵力，大破前秦王苻坚八十万雄师，保住了东晋。

从东晋的角度看，曾经确实有些义士，心中存有收复失地的理想，但是不久便打磨精光。像谢安的淝水之战，是东晋在刘裕以前最漂亮的战役，谢安还乘此收复了安徽、湖北等的部分失地，但是终于没有能力长驱直入，收复中原。

“后乎此者，二萧、陈氏无尺土之展，而浸以消亡。”

而东晋之后的所谓“南朝”，除了刘宋以外，其余如萧齐、萧梁、陈等汉人政权，却仅能凭依长江的阻隔，与北方强悍的少数部族政权对峙勉求存活，得过且过，等待慢慢消亡而已。

船山认定，自从东晋永嘉以后，直到唐以前，只有这个刘宋王朝，才延续了一点中国的生气，让人感觉中国人还没有死净，还有活力在。所以船山才说：“汉之后、唐之前，唯宋室犹可为中国主也。”只有刘裕建立的南朝宋，才是唯一真正有资格可以成为主宰华夏神州的政权，其余处在这一时间段中的所有政权，都不具有任何合法性和合理性，都没有资格主宰华夏神州，更没有资格代表中国。

具有强烈民族主义情怀的王船山先生，对江南这些前后存在的汉族政权，只知苟延残喘，不思进取，迁延时日，坐以待毙的做法非常不满，就借助对刘宋王朝开国君主刘裕的赞赏，抒发对这些王朝的怨愤和指责。

正是基于上面的理由，船山才判定“论正统者，不宜升晋黜宋”。就是说，以正统作为理论根据的说法，不应当提高司马氏晋朝的客观位置，而贬斥刘裕所创立的南朝宋政权。

三、咒责刘裕杀害“禅位”君主

船山虽然对南朝宋的开国皇帝刘裕颇多褒扬赞美，但对他的残暴无情，同样进行了严厉的批判。

当年刘裕指使手下逼迫晋恭帝写“禅让”诏书时，恭帝完全出于诚心，欣然操笔，一边书写还一边对身边的臣下们说：“桓玄之时，晋氏已无天下，重为刘公所延，将二十载；今日之事，本所甘心。”说早在桓玄窃夺之时，晋朝就应该覆灭了，仰仗刘裕，多延续了二十年，今天把皇位禅位给刘裕，是我心甘情愿的。晋恭帝写禅位诏书时，还郑重地使用了朱笔，就差叩头写血书了。

这位晋恭帝，名字叫作司马德文，禅位之后，被刘裕封为零陵王。生下一个男孩，便被刘裕派人把男孩杀死。后来竟然派人干脆把这位晋朝的末代皇帝闷杀在被子里面。当时负责杀死皇帝的人本来是给他送毒酒的，但是晋恭帝不喝，说自杀死的将来不能再脱生成为人身，因为他信佛，这是佛教的说法。于是就被前来送药的士兵用被子蒙住，硬憋死了。

杀禅位皇帝，刘裕是始作俑者。孔子说：“始作俑者，其无后乎！”

查看历史，晋恭帝确实是欣然把江山让给了刘裕，而且已毫无伺机重夺政权的心思，但是刘裕却不容许他在这个世界上存在下去。船山以为，刘裕的这种过分的行径，种下了祸根，导致了自己的后世子孙，也都被接着篡位的萧齐斩尽杀绝了。“萧道成继起而殄刘氏之血胤，又何怪乎？”当年萧齐篡夺刘宋的政权时，刘宋的末帝才十三岁，萧道成命令手下人强迫这位皇帝离开皇宫，小皇帝当时泪下如雨，说出了下面一段话语："愿后身世世勿复生天王家！"说希望以后世世代代都不要托生到帝王之家，当时宫中所有人等一齐痛哭。尽管小皇帝可怜兮兮，终于不免如法炮制地在被赶出宫去之后杀死。

刘裕开了一个杀戮"逊位"皇帝的恶劣先河，这种做法，被一代接一代地仿效，并且愈演愈烈，连带皇室和宗族都不能幸免。萧梁对萧齐，陈对萧梁都是如法炮制，影响恶劣而又深远。

船山愤慨地指责说："宋可以有天下者也，而其为神人之所愤怒者，恶莫烈于弑君。"

篡夺政权从曹魏就开始了，但是篡夺人家政权，还要把前面禅让的君主杀死，却主要是从刘裕开始，这个恶劣的开始，导致了后来历史上政权更替的同时，还要把前朝的皇帝杀死，甚至把皇室的血族全部斩尽杀绝的历史恶习。三代以来"兴灭国，继绝世"的人道主义传统从此毁伤殆尽。

刘裕虽然"有资格"统治华夏的疆土，但他却给中华民族古已有之的人道主义政治传统造成了无法弥补的损害，这份罪孽是永远不会被历史所饶恕的。

第十八章　只因一个“惧”字就建成了文明昌盛的伟大王朝

——船山对宋太祖的认识与评价

表明船山卓绝历史见识的，除了《读通鉴论》以外，还有《宋论》。《读通鉴论》，是船山借助司马光领衔编纂的《资治通鉴》对历史阐发的见解。《资治通鉴》只写到五代之末，没有写宋朝的事情。船山接续《读通鉴论》又作《宋论》，用以评判宋朝政治的得失及其历史意义。《宋论》与《读通鉴论》思想一样精湛，议论同样震撼人心。船山在《读通鉴论》里放言“天下非一姓之私也”，强调天下是天下人的天下，绝不是一姓、一家的私有财产。这样的说法虽然可以指明未来历史的发展方向，但是在家天下的时代里，并不能直接解决现实问题，还必须在既有的体制内找到有公天下意识的杰出君王，以便给后世提供可以效法的对象。而在整个两千多年的专制主义时期，只有宋太祖，约略处在仿佛之间。船山就此将希望的目光投注到宋太祖的身上，也就是再自然不过的事情了。

一、宋太祖以“惧”得天下

船山在《宋论》一开始，就说宋太祖在特定的历史环境下“接受天命”，经过自己不懈努力，创造了一个中国历史上空前绝后的伟大时代。

“宋祖受非常之命，而终以一统天下，底于大定，垂及百年，世称盛治者，何也？”

船山抛出这样一个问题：宋太祖在特殊的历史时期，因为特殊机缘当了皇帝，很快消除军阀割据局面，使天下走向安定，太祖之后，宋朝至少又兴盛了百余年，实现了中国历史上前所未有的“盛治”状态，这是什么原因呢？

以往的历史评价，大致会说天数如此，或者宋太祖逢时侥幸，要不就是添油加醋，说他聪明绝顶或者勇武过人之类。船山不这样评价，船山说宋太祖能够做得那么好，其实最重要的还在于他自身，船山只用一个字，揭示了宋太祖内心深处的隐衷，也揭示了大宋朝兴盛持久的重要原因：“唯其惧也。”船山说宋太祖能把整个国家从混乱的境地中“提拔”出来，把四分五裂的国家重新统一起来，建设成以后三百一十九年文明昌盛的历史，靠的是他从一开始就不能释怀的恐惧心理，也就是一个“惧”字。

恐惧心理有多种多样，但是船山这里所讲的宋太祖“惧”，不是一般的害怕，而是一种“恻悱不容自宁之心”。

“不容自宁”，并不是外面的事情搅扰得他不得安宁，而是他自己不让自己安宁。

宋太祖为什么要这样？他自己心理上有什么毛病吗？不是，只是因为他的天下得来的太容易。按照船山的说法，宋太祖是“乘如狂之乱卒控扶以起，弋获大宝”。就是靠一群发了疯似的士兵把黄袍披在他身上，轻易坐上了最高统治者的宝座。江山来得太容易，所以才天天夜里不能安寝，害怕轻易得来的政权再轻易丢掉。就为了这份心思，宋太祖每天精神高度紧张，经常辗转反侧，夜不成寐地想着如何才能把国家治理好。这是他与历史上那些“居安”“忘惧”的君主最明显的不同。

一些历史学者甚至说宋太祖经常“吾睡不能着”的情形，是神经质，甚至还说宋太祖有家族精神病史，仿佛看到了宋太祖几代人的病历本，或者读到过为宋太祖家族治病的心理医生的日记一样。他们没有看懂宋太祖，从而也没看懂宋朝的历史。王船山看懂了宋朝的历史，也看懂了宋太祖。宋太祖不是神经质，而是因为怕丢失江山，从而想要励精图治，精神高度紧张，所以才睡不好觉。

宋太祖经常夜里去访问大臣，经常到宰相赵普家里，商量国家大计。他害怕丢失轻易得到的政权，所以才这样辛苦用心。同样是害怕丢掉江山社稷，但历史上的很多帝王的做法，却与宋太祖大不一样。那些人不是要求自己励精图治，如何妥善地处置所面临的实际问题，而是整天琢磨如何干掉异己，看谁威胁了或者可能威胁到自己政权的存续，就把谁砍头杀掉。同样是害怕，想法和做法与宋太祖却有本质上的不同。

宋太祖当皇帝，并不像商、周那样，依靠世代积累对百姓的恩德；也没有像汉、唐那样，先用武功征灭了所有的挑战者。宋太祖虽“无赫奕之功”，却能“不自废”，“无积累之仁”却能“不自暴”，“兵不血刃而三方夷，刑不姑试而悍将服”，彻底结束了自晚唐、五代以来整个社会的嚣张、蛮横、粗野、嗜杀的狼狈局面。

船山说宋太祖，虽然“无赫奕之功”，就是没有赫赫的战功，但是他能“不自废”。宋太祖辗转反侧，使自己不得安宁，他返身检讨自己，想着怎样才能把天下调理好，怎样才能团结一切可以团结的社会力量，进而将天下治理好。而不是因为害怕别人威胁自己的天下，想办法将这些人斩尽杀绝。

有关于这一点，大家可能会表示怀疑，说那“杯酒释兵权”不是跟汉高祖、明太祖一样的暴虐吗?“杯酒释兵权”所能表明的，刚好是宋太祖的仁德，效果虽然一样，用心却判若天渊。

汉高祖刘邦无故诛杀韩信、彭越等功臣，朱元璋斩杀的批量更大，他们害怕功臣甚至大臣们夺了自己的江山。宋太祖同样也意识到了这个问题，毕竟武将们的手握兵权，对于新兴政权的统治者来说，确实可能构成心理上的相对紧张。可是宋太祖的做法不一样，他把几个掌握兵权的武将找来喝酒，跟他们商量：将来要是有人也像你们对待我一样，把黄袍加在你们身上怎么办？干脆，你们把手上的兵权交出来，到地方去做官，我多给你们点钱，你们多买点地，多买点歌儿舞女，就是多找一些女孩子陪着玩，那个时代允许这样。这样你们也快乐，我也安心，再让咱们儿女之间互相通婚，把我们的兄弟情谊一代代延续下去。将军们自然同意，宋太祖就这样解决了武将的威胁问题。他没有像刘邦和朱元璋那样，不明着跟人商量，却背地里暗算，诬陷人谋反，然后一个个、一批批杀掉。宋太祖免除后患的方式，相比汉高祖和明太祖，可以说是既光明正大，又仁慈关怀，这种做法，在古今中外的历史上，都是绝少见到的。

在船山看来，历史上获得最高统治权的方式主要就是两种：一种是先积累了足够的仁德，如商周；一种是已经扫平了天下的武装势力，在这样的前提下登上最高统治者的宝座，如汉唐。宋太祖虽然在这两项上都不足备，可是他在行使政治权力的整个过程中，表现却比前两者都要优异。

宋太祖能坐稳天下，乃是通过自己不懈的努力，从而才赢得的上天的奖赏和长时间的“眷顾”。

尽管在宋太祖生存的那个时代里，没有像商汤王、周武王、汉高祖刘邦、唐太宗李世民这样的人物可以一下子出来（他们在当皇帝之前，都积累了德行或者积累了战功，而宋太祖登位前在这些方面都相对欠缺不少），“当世无商、周、汉、唐之主”，但是上天却可以把它“爱护”并养育天下苍生的重任，寄托在宋太祖肩上——“而天可行其郑重仁民之德以眷命之”。

船山继续分析说，宋太祖尽管在当皇帝之前没立下扭转乾坤的功劳，祖上也没有积攒下雄厚的社会实力，但是从他当皇帝以后的全部的举措看来，都是为天下苍生考虑、为国家民族考虑，他体恤天下苍生疾苦，继承优秀历史文化传统，建立文官政治，注重制度建设，简约行政，减省刑罚等等。所有这些表现，足以使他成为真正的“王者”。

站在这个基点上，王船山才认定，宋太祖当皇帝后的施政方略——“临御之方”，既不违背当时广大民众心里的愿望，同时也满足了人们对中国历史发展的客观期待，完全有资格成为统御华夏神州的最高统治者。

二、太祖誓碑的要义在于“求诸己”

船山将宋太祖因“惧怕”而谨慎小心地治理国家的情形，称作“惧以生慎”。船山列举宋太祖“惧以生慎”的做法，包括“权不重，故不敢以兵威劫远人；望不隆，故不敢以诛夷待勋旧；学不夙，故不敢以智慧轻儒素；恩不洽，故不敢以苛法督吏民”等不同事项。这些对外的谦恭、宽仁，完全来自宋太祖内心的自我定位和自我要求，他没有狂妄地把自己当成天底下万能的“圣主”，而是认定治理天下在根本的意义上不能仅靠一位皇帝，更主要的还是要靠天下的能人。宋太祖的这种想法和做法，被王船山概括地称作“求诸己”。

“求诸己”，就是专从自己身上找原因，不在别人身上挑刺，用孔子的话说，就叫作“不怨天，不尤人”。有关宋太祖为政的“求诸己”，船山主要指出了三点：“太祖勒石，锁置殿中，使嗣君即位，入而跪读。其戒有三：一、保全柴氏子孙；二、不杀士大夫；三、不加农田之赋。”据说宋太祖当皇帝以后，立了三条铁令：第一条，不能杀柴氏的子孙，因为他的江山是从柴氏手里禅让过来的。第二，不能杀读书人和上书人，因为这些人是有文化的，是民族的未来，也是现实社会的核心和骨干。第三，就是不加农田之赋，不给农民和天下苍生添负担。王船山就这三点慨叹地说：“若此三者，不谓之盛德也不能。”面对宋太祖这三种卓异的做法，如果我们还不说他是一个盛德君子，是一个伟大的帝王，那就是我们的无知无识了。所以，我们只能承认人家是历史上最伟大的君王。

前面说的不杀柴氏子孙、不杀士大夫、不加农田之赋，船山有进一步的表述。

第一条，“不杀柴氏的子孙”，被船山表述为“以忠厚养前代之子孙”。就是怀着一份仁厚的心肠对待禅位者的后代，这跟历史上的帝王不一样，很多君王接管了前代的江山，怕人家再夺回去，就把人家的子孙全部杀掉了，像南朝宋的开国皇帝刘裕等。宋太祖没有那样做，他下了一条铁令，姓柴的在大宋朝犯法，一般都不予追究。就是谋逆造反，也得暗地行刑，不能当街斩杀以羞辱人家，而且不能株连人家的家人，更不要说族人。

站在我们今天的立场，说宋太祖这是徇私枉法，不符合法律面前人人平等的现代精神。可那是古代，天下是人家宋太祖的。

第二条，就是不杀士大夫与上书言事人，被王船山表述为“以宽大养士人之正气”。

知识分子身上的正气，要靠宽大来养，不是天天追着、赶着赶出来的，不是你要他一定要怎样做、做什么，就能“逼”出来的。统治越宽大，他们就越注意培养自己身上的正气；统治者越挑剔、越压制、越提防，知识分子越厌倦、越埋怨、越憎恶，自保心思也就越重，正气反倒养不出来。正气养出不来，就会各顾各，只顾自己的利益，不顾国家、民族、还有文化教育事业。知识分子本应当是社会的良心，是社会的风向标，一旦知识分子身上没了正气，社会也就没指望了。

船山赞美宋太祖的第三点，是“不加农田之赋”，这一点被船山表述为“以节制养百姓之生理”。就是节制统治者自己的欲望，不要贪欲太多，这样老百姓的负担也就轻了，他们的生存就有了保障，这叫作“以节制养百姓之生理”。

以上三点，说来容易做到难。当然，最难的还不在于解决问题本身，而在于怎样去解决问题。像刘邦和朱元璋那样，直接把功臣们都杀了不难，难在不杀功臣而能解决问题。这就需要从自己身上做文章，而不是在别人身上挑毛病，更不是去诬陷别人。

相对于第一点的“不杀前代的子孙”，还有不杀掌握兵权的武将、不杀那些已经被战败了的“割据君王”，不仅不杀，还要“优礼”、厚待。

始终怀着疑忌的心理，害怕他们造反或者联合起来造反，那就没有办法做到“不杀”。只有放弃自己对别人的怀疑猜忌，才能做到这一点。历史上因怀疑和猜忌武将和大臣，从而大开杀戒的并不少。朱元璋建立的所谓锦衣卫、东厂、西厂之类，不都是用来监视别人的特务机构嘛！看谁对朝廷不满，对政令有疑义，然后就抓人、杀人。朱元璋和刘邦等满怀“疑忌之私”，而宋太祖则能“捐其疑忌之私”，抛掉心中对他人的顾虑，不允许自己总是怀疑人家。

放弃自己对别人的猜忌和怀疑，不仅需要勇气，而且需要德行。如此看来，宋太祖真正是位有仁爱精神的君主。

而要做到第二条的“不杀士大夫与上书言事人”，就得“忍其忿怒之发”。读书人有自己的主见，经常发表对政令的不同意见。因为他们知识丰富，懂得多，见识广，他们会把历史上的事情跟所处时代的施政方针和行政实践做对比，发现问题了，就会行之于文，表达自己的真实见解，这是中国知识分子的优良传统，也是知识界的最了不起的良心所在。如果他们看到了不足和错误，但却闭口不言，要么是高压下的不得已，要么就是他们放弃责任，丢弃了社会良心。历史上拙劣的统治者们，一听到知识分子讲说自己政令的错误和不足，就不愿意听，就要惩罚他们，甚至关押他们、杀戮他们。自己有错误不让说，还要把自己的愤怒发泄到“点指”者的身上。一切暴君、暴政的心理根源，就在自以为是，狂妄自大，他们将仅有的一点“恐惧”和“敬畏”的心思都彻底抛弃了。宋太祖就不一样，知识分子骂自己的时候，他能“忍其忿怒之发”。谁都不愿意听别人骂自己，但是作为最高统治者的宋太祖知道，骂他的都是好人。他相信人们之所以来骂他，那是因为对他负责任，不愿意用阿谀的方式害他，也不愿意看他的热闹。这就叫作忠言逆耳。如果宋太祖也像汉高祖和朱元璋那样，对那些骂自己的人动用刑罚、大开杀戒，那他就再也听不到真心的话语了，大宋朝的江山社稷可能也会像五代时期的其他政权一样，很快就垮掉了，就不会有后来三百一十九年的繁荣与辉煌。

要做到第三点，就是“不加农田之赋”，也要从自己身上找原因，要克制自己的欲望，不要贪得无厌，要抑制自己享乐欲望的不断扩张和升级。船山管宋太祖的这种做法，叫作“戢其奢吝之情”。不能肆意挥霍天地所产的财物，尽管自己是最高权力的持有者，没人能够阻止自己无限膨胀的欲望，也没人能够阻挡自己满足无休止的贪欲。但是宋太祖不这样，他不仅减轻赋税，还要以身作则，在家族中提倡勤俭的生活。

下面几个故事，可以用来说明宋太祖是怎样“戢其奢吝之情”的。

有一次，他的女儿穿了一件挂了几个珍珠并缀着几根翎毛的衣服，被他严肃地批评了一顿，并且责令不得再穿。女儿不理解，就埋怨说：“父亲您是皇帝了，我穿这样一件衣服能用几个钱？”宋太祖严正地对女儿说：“你这件衣服虽然用不了几个钱，但是你一穿出去，皇宫里的人们就会效法，大臣们的家人也会效法，造成攀比奢华的风气不说，京城的物价就会上涨，市场就会增加货物数量，劳动者就会更加辛苦地劳作。”

还有一次，女儿坐皇后的车出门，看到皇后的车子太简单，几乎没有什么装饰，跟农民进城送粪的车子没什么两样，就对父亲说：“您就给皇后娘娘的车子装饰装饰又能怎么样，贴两块黄金，嵌几块珠宝，又不是没有这些东西。”宋太祖严肃地对女儿说：“你爸我是皇帝，黄金、珠宝我不缺，把整个宫殿和你们住的房子全都用黄金铺盖都能做得到。但是，我听古代的贤哲们说，做君王是替天下守财富的，不是耗费天下的财物来奉养自己的。”从此以后，女儿再也没对宋太祖提出生活上的要求了。

另有一回，宋太祖把自己的弟弟，已经受封晋王的赵光义找到皇宫里吃饭。席间乘着宋太祖高兴，赵光义就对宋太祖说：“哥哥您这做皇帝的，也得有几件像样的衣服，总穿这么普通的布褂子，是不是显得有点寒酸了？又不是没钱做。”宋太祖表情立刻严肃下来：“难道你忘记了咱们小时候在夹马营中的生活了吗?!”赵光义当场被说得面红耳赤，以后再也不敢跟宋太祖提这类的事情了。

这就叫“戢其奢吝之情”。把自己的生活要求降到最低程度，不是为了捞取艰苦朴素的美名，而是怕给百姓添负担，怕天下的财物被过分地消耗。仅从这一点上说，宋太祖就大不同于古代的很多帝王，他确实是一位令人敬重的难得君主。

船山就是根据上面所说的三点，才称赞宋太祖说：“不谓之盛德也不能。”

船山指出：“德之盛者，求诸己而已。”真正有圣德的人，都是看自己哪不对，始终问自己，还有哪些地方做得不够妥帖，而不是看人家是不是听我的话，是不是照着我的说法做。不断反省自己的过失，这才是这正的“求诸己”。

打从秦始皇攻灭六国，中国进入大一统的家天下王朝时代，此后的两千多年历史中，没有像宋太祖这样的英明国君。所以王船山才说，宋朝的统治，超越并优越于汉、唐不知道有多少倍，甚至达到了传说中理想的商、周时代了。船山的原话叫作“轶汉、唐而几于商、周”。船山进一步指出，正是因为宋太祖这种优异的做法，才导引出宋代“传世百年”的盛德、大治的历史时期。

船山这里说的宋朝“传世百年”，不是说宋朝只有一百年，宋朝寿命三百一十九年，船山最看好从宋太祖开始到宋仁宗末年那一百年。其实中国历史上真正好的统治时期并不多，按照船山的说法，只不过就是汉代的“文景之治”和唐代的“贞观之治”。汉代的“文景之治”，只延续了两代，汉武帝一接手，就把国家弄完了。唐太宗的“贞观之治”，到儿子那里就乱套了。而由宋太祖开创的宋代的“盛德大治”，从宋太祖开始经历宋太宗、宋真宗、宋仁宗、宋英宗五世，一百年还不止。这可真是不起的丰功伟绩了。船山认定，这完全是由于宋太祖“求诸己”的仁厚、善良的用心，导引出的必然结果。

三、效法上天对待鸢鱼的“态度”养育士人

相比历史上的帝王，在对待知识分子的态度上，宋太祖更是出类拔萃。由于他在政治上的倡导和呵护，大宋朝创造了前所未有的中国历史文化的辉煌盛世。

宋代政治上的民主风尚，培养和造就了宋代士大夫的“正大之气”，他们追求理想的崇高人生旨趣，对历史和时代、国家与民族都充满了热情洋溢的责任意识。

船山在评价宋太祖对知识分子的态度时，借用《诗经》里“鸢飞戾天，鱼跃于渊”的话语。

鸢在天上自如地飞鸣，声贯苍穹，这叫“鸢飞戾天”。鱼在水中自在地遨游，还不时高兴地跳出水面，这叫“鱼跃于渊”。本来是对自然现象的一个简单描述，却被船山借来说明培养造就知识分子，要像上天对待鸢和鱼一样，“以宽大养士人之正气”。

鸢应当怎么对待？是不是把它的翅膀捆上？或者规定一条像飞机一样的航空线，并且定下一种固定的飞行模式，警告鸢说：不可以随意乱飞，必须在我划定的这条线上飞，只能按照我规定的模式飞？翅膀伸长了不行，反转身时拍击到养鸢者更不行。这是急功近利的贪鄙养鹰者对于鹰的态度，这不是为了养鹰而养鹰，是借着养鹰来养自己，这种鄙吝的态度，根本没有办法养出能够翱翔于苍穹之上、声震于九天之中的伟岸雄鹰。

养鹰是为了让鹰长大，去自由自在的飞翔，不是为了满足自己玩耍生灵的鄙吝心思，也不是为了满足让鹰帮助自己捕捞的自私欲望。上天养鹰，是为了助长自然界的生机，不是用玩虐生灵、利用生灵的方式，满足自己的猥琐和贪婪，更不是为了显示自己的指挥、控制能力和规划、设计本领。

养鹰，得为鹰提供便利条件，可以不必专门为它提供演练的场域，但却不能封锁它展翅飞翔的辽阔天空。往哪飞，怎么飞，是鹰的事，不是养鹰者的事。

养鱼其实也一样。如果规定了鱼只能在人工的小池塘里游，不能游到别处去，而且不能跳到水面上来，不能把水溅到养鱼者身上。那鱼就没法长大，长大了也不好吃，因为这样的鱼已经不是纯粹的自然之物产。

上天才是真心的养鱼者，既不为自己吃肉，就得让它随处游，随意游，随便跳。游得越远，跳得越高，表明鱼成长得越好，养鱼的“用心”才没白费。如果只允许鱼往自己的锅里游，那不是养鱼，那是养腹，以养鱼的形式，满足自己的嗜欲，把自己养得大腹便便。这是养鱼以肥己，不是养鱼以彰显生存世界的活力。

“养士”，即培养读书人或者知识分子，道理其实是一样的。过分限制他们的言论和行动，只为他们提供一条事先划定的路线走，士人就会因为没有自由从而失去生命本有的活力，从而渐渐丧失创造的本能。船山说：“飞者，不虞其飏击也”，“跃者，不虞其纵壑也”。不怕鹰飞起来拍击到自己，也不怕鱼跳出水面游到大江、大海里去。这是上天对待鹰和鱼的态度，鹰的飞翔能力越强，鱼的游泳本领越大，说明养的效果越好，养育之功越高。真正伟大的国家和优秀的统治者对待士人，也应该具有同样的襟怀和态度。

宋太祖养育士人，不急着要求读书人回报，不布置任务、规定目标、限制期限，逼迫读书人去完成。不仅不拿投入要挟产出，而且“相期以百年之效”，期待并有足够的耐心等待读书人自己成长。

其实每个社会成员，尤其是读书人，如果都能成长起来，他们的成就不就是社会的成就吗？他们的了不起，不正是国家的了不起吗？他们的美名和声誉，不都是民族的美名和声誉吗？读书人或者知识分子是最自觉的感恩一族，他们用自己的成长和成就，回报老师、回报历史、回报社会、回报人民和国家的养育，为什么非要带来现实的效益，才算是回报呢？现用现交，现买现卖，那不是为了养育的付出，那是为了索取的投入。

由于宋太祖有这般深远的考虑，不硬给读书人定规矩，不急切向知识分子要回报，不限制他们的自由发展，反而极大地激发了宋初知识分子的活力和创造热情，他们积极踊跃地自我成长，刻苦努力造就自己的君子品格，主动承担各自的社会和历史责任，就这样一代一代地影响下去，大宋王朝才为华夏文明创造出了前所未有，同时又令后世企羡垂涎的辉煌业绩。

本来鸢和鱼都很自由，都很自如，可是经你一养就变了，变得失去了自由，没有了活性，最后弄得鱼也不会游了，鸢也不能飞了。那这个世界就不会再有生机和活力了，整日死气沉沉，只在那里等待寂灭。正是因为宋太祖卓异的“养育”之法，使得宋代的士大夫个个精神头饱满，人人创造力勃发。宋代知识分子，不仅高尚程度和实际能力远远超过汉唐，而且这种高洁、多能的知识分子在数量上也远远超过了汉唐，甚至数倍于汉唐。按照船山自己的话语说，就是“宋之士大夫高过于汉、唐者，且倍蓰而无算，诚有以致之也”。这种优异的客观效果，不是凭空而来的，而是“有以致之”的，都是宋太祖开明、宽大的用心和卓异的“养育”之法，导引出的自然结局。这种汉唐所无法比拟的客观效果，不仅是宋代辉煌的重要标志，也是宋代对中国历史的巨大贡献。

其实宋太祖这个人，原本也就是一介武夫，帮助他治理国家的那些人，也都不是什么贤哲，他们没有周公、姜太公这些人的本领和学养。当时的官员和士大夫多半不知廉耻，多半只为了混饭吃而已。如果宋太祖对他们生出傲慢之心，按照中国历史上汉、唐等王朝的规则，训斥他们，惩戒他们，苛待他们，杀戮他们，宋代经济会那么发达，文明会那么昌盛吗？生活在那个时代里的人们，会有像《清明上河图》中所体现的那种安详和闲适的幸福感吗？

宋太祖没有像历朝历代疑心重重而又鄙吝苛薄的统治者那样对待知识分子，他“以宽大养士人之正气”，结果却诱发和培养出了知识分子的骨气和血性，如彼众多的宋代士人，却在无人强求、不被逼使的情况下，纷纷成长为时代和历史的精英，他们给大宋朝和中国历史，甚至人类的历史都增添了无限的光辉。宋代知识分子的纷纷奉献，使得宋代不仅成了中国历史上色彩最为靓丽的王朝，也使得宋朝成了家天下以后的中国历史上，对人类文明贡献最杰出的王朝。

王船山就此赞扬宋太祖说：“庶几乎！天之贮空霄以翔鸢，渊之涵止水以游鱼者矣。”上苍的美德就是为飞翔者提供广袤无垠的天空；江海的美德，其实也只是为遨游者提供了阔大宽广的水域。宋太祖的那种真诚、隐忍地对待士大夫的宽广胸怀，几乎可以与自然界的天和渊相媲美了。

宋太祖对前朝的后裔、对战败投降的王者、对武将、对读书人和对天下苍生的这种出于由衷关爱的做法，赢得了士大夫、武将和臣民们舍生忘死的回报。

从北宋丧地到南宋覆亡，当宋朝这个国家遭遇厄运的时候，知识分子纷纷死难，武将纷纷死难，甚至平民百姓们都跟着献身、捐躯，这在人类历史上都是绝无仅有的。不夸张地说，历史上所有王朝灭亡的时候，为王朝死难的人数加起来的总和，都不及为宋朝的灭亡死难的志士多。这就是宋太祖为政的方针、仁慈的用心带来的结局，当王朝被无可抵御的强敌毁灭掉的时候，群起舍命相殉，这是何等崇高壮美的回报！

船山把历史上的绝大多数帝王骂得一塌糊涂，但对宋太祖和东汉光武帝却极尽表彰，尤其是宋太祖。那些被骂的帝王们，跟他没有任何直接的仇怨，宋太祖和汉光武帝跟船山也都没有亲恩关系。船山之所以如此，只是因为对历史的责任意识太强，评价的水准太高。这一点也正反衬出我们平时对于历史的评价标准太低，之所以这样低，是因为我们无知，是因为我们对历史的期望值太低。我们对于历史的责任意识，也没有船山那么强烈。这也许是我们看不清历史，更看不懂历史的最深的原因。非要借助船山的眼睛，我们才能清醒而又清晰地看懂历史。

与家天下王朝时代的帝王们相比，宋太祖确实已经太优秀，所以船山才那样舍得情感和笔墨，赞扬宋太祖的“圣德”。不过船山也针对宋太祖的微服私访提出异议，指斥其在遭遇“暗算”的过程中，装神弄鬼的诡谲用心。针对宋太祖接受赵普建议，最终放弃先取幽州，而完全实行先南后北的统一策略，船山同样表达了不同的想法。船山还对宋太祖借着科场舞弊事件，试图将天下士子笼络到自己名下的与科举考官“争门生”的做法，指出了将因此导致天下人心离散的长期恶果，并就此对宋太祖的做法提出了严厉的批评。有关这些内容，已非本章所能容纳，亦非本章所欲论说。

梁启超曾说：王船山的“《读通鉴论》《宋论》两编，史识卓绝千古”，郭嵩焘甚至认为：“读船山《通鉴论》，历代史论可以废。”从上述船山对宋太祖的评价中，我们已能约略地体验到船山历史评价目标的阔大与宏远，感受到船山历史之识的警敏与精慎。读船山的《读通鉴论》与《宋论》等历史哲学著作，确实可以帮助我们走出对于历史认识和评价的习惯性浅薄和错谬，加深我们对历史的认识，增强我们对历史的责任和信心。

第十九章　永不褪色的光荣

一、自定墓山

《读通鉴论》和《宋论》都是船山晚年的作品，写完这两部历史哲学的巨著，船山也走到了人生的暮年。

1691年深秋，船山拄着拐杖，在清冷的秋风里，伫立在自家的门前，眼望不远处山上的一块像船一样光秃秃的石头，心潮起伏跌宕，久久不能平静。很久很久，才回到房间。然后，奋笔疾书，作了《船山记》一篇短小的文字。

船山称："山之岑，有石如船，顽石也。"说山顶上有一块石头，形状像船一样，就是一块顽石。船山以顽石自比坚定，说："老且死，而船山者，仍还其顽石。"船山选定石船山作为自己的墓地："此吾之山也。"

船山为什么要把自己埋葬在这个光秃秃的石船山底下，而不是埋在山清水秀的所谓"风水好"的地点呢？船山并不想像东汉的严子陵和北宋的林鹤梅那样，寄身秀山丽水，以求不朽于后世；但却希望以石船山为象征，表达自己的坚定，以警策后来的有志者和有心人。

二、自题墓铭

船山在临终前，为自己题写了铭旌："亡国孤臣船山王氏之柩。”又自题其墓：“明遗臣行人王夫之字而农葬于此。”还为自己题写了墓志铭：“抱刘越石之孤忠而命无从致，希张横渠之正学而力不能企。幸全归于兹丘，固衔恤以永世。”

铭旌，就是题写在丧旗上的文字。墓题，就是墓碑上的文字，一般以大字刻在墓碑的正面。墓铭，则是墓中主人的生平的简略记述，一般以小字写在墓碑的背面。

船山为自己作的墓志铭，到底表达的是怎样的意思？那意思是说：他怀抱着像东晋义士刘越石一样的忠心，但是命运却不让他为南明去死。他企慕北宋大儒张横渠正大的学问，但是因为自己的生命力量有限而没有达到。

这自然是船山的谦虚。而所谓“幸全归于兹丘”，就是终于保住了头发，把它安全地带进了坟墓。与前面自题遗像词中所说的“皂帽仍粘首”是同一个意思。“固衔恤以永世”，就是满怀悲情和哀怨，活完了这一生。希望儿孙们也能对中国的文化传统，怀有同样的悲悯情怀，就这样一代一代地传下去。

怎么把头发带进坟墓，还值得庆幸？现在的人，隔几天就剃掉一些头发，留住头发，有什么值得庆幸的？原来满族人习惯剃头，汉族人习惯留发。满族人剃头可能是为了方便，因为他们是游牧民族，头发长了，既影响视线，也妨碍行动。汉族人是农业民族，留发没有大的妨碍，同时还可以盘成发髻。汉族人的头发上留存着很多传统，包括丱角、冠礼之类。为什么有时汉族人骂和尚叫作秃驴？其实就是说他们抛弃了人间伦理。头发要是没了，头发上的礼仪也叫没有办法进行了，所以头发很重要。头发不仅重要，而且还人命关天！这可不是危言耸听。

清廷于 1645 年六月十五日，正式下达剃发令，要求全国各地，在接到诏令后的十天之内，所有人等，必须全部剃发，否则就要杀头。这就是有名的“留头不留发，留发不留头”。江苏嘉定县（今上海市嘉定区）因为士民不愿剃头，三次遭受清兵屠戮。江苏省江阴县民众为了保持汉族的生活习惯和文化传统，也就是为了保住这缕头发，全城十万人都被杀尽。

谁要是不剃头，就等于不要命！如果你想要命，必须得先剃头！船山自然不在乎命不命，但能保住头发，也确实太不容易了。所以，船山才感到庆幸。在整个这个时期，像船山先生这样坚决不剃发，一直保持到死的，未必只有船山一人，但是绝对寥寥无几！

头发关乎人命，远没有因为清朝的统一而结束。

1851 年，洪秀全在广西金田起义，向全国各地发布檄文，为了唤起民众的支持，又提出了蓄发令，并且同样也是强力推行。你要是想活命，就得留头发。要是不留头发，太平天国就要砍你的脑袋。这叫作“留头要留发，剃发就杀头”。太平天国的士兵都留着长发，所以被称作“长毛”。太平天国的将领很容易辨认，多半都是一些头发很长的人。参加太平天国时间越长，头发也就越长。头发剃掉容易，长出来却不是一朝一夕的事情。所以，在太平天国里，头发长，就是资历老的象征。

长发既然需要很长时间，所以很多人因为头发一时间长不出来，稀里糊涂的就被太平军杀掉了。太平天国后来失败了，清廷再次重申剃发令，人们又得重新剃掉头发。有些人跟着太平天国长出了头发，结果脑袋又丢了！

1911 年武昌起义以后，中华民国又颁布命令，说从命令到达之日算起，限二十天之内，全体国民必须把辫子剪掉，否则就以违法论处。于是，人们又开始剪辫子。1917年六月十四日，张勋带领辫子军进北京，扶持清末帝溥仪复皇帝位，又宣布留辫子。辫子长不出来，命就没了。当时风传一句话，叫作“宣统回了朝，秃头要开瓢”。来不及长头发，于是有些人就在脖子后面拴上一条假辫子，这大概应该是中国最早的假发。张勋只在北京闹腾了十二天，北洋军阀段祺瑞率军进京，驱逐张勋，溥仪逃跑了。又得剃头了！于是，北京城里又流传了这样一句话语，叫作“宣统出北平，秃子要受惊”。

就是这撮头发，折腾了中国人二百七十多年。各位，我们能说头发不重要吗？敢说头发不重要吗?!

清朝把剃发看成是征服汉人的标志，而明朝的臣民，也把剃发当成是被征服的象征。所以，为了保住头发，他们进行了坚忍不拔的顽强斗争。而船山先生则把这件事情看得更加严重，在他的心目中，保住头发，至少还保存了中国文化的传统，保住了中华历史文明的高贵性。这是尊严，人的尊严，民族的尊严和历史文化的尊严！国家可以败亡，尊严却不能丢掉，丢掉了这份尊严，就无颜面对九泉之下的祖先，更无颜面对为中华文明创业垂统的孔孟等先贤！船山之所以把保住头发当成一件幸事，内中的深刻原因，正在这里。

三、抱刘越石之孤忠

现在我们回过头来，再来看船山给自己写的这些简单的文字。船山先生借助铭旌、墓题和墓铭，对自己的一生，做了一个简单而约略的交待。

根据我的理解，船山的这种交待，不能笼统而混沌地看作是对他全部人生目标和为之奋斗的事业的交待，只能看作是他个人对自己生身的交待。只有这样，才不至于小看了船山，仅仅把他当作明朝的遗臣，而忘记掉他是中华民族历史文化和中国国家前途命运的祈望者和承担者。

真正读过船山《读通鉴论》的人都知道，船山对刘越石也进行过严厉的批评甚至批判。那为什么还要说自己“抱刘越石之孤忠而命无从致”？其实这只是船山借刘越石试图恢复西晋，来表明自己试图回转明朝的努力；借刘越石为恢复西晋不成而死，来表达自己无命为南明去死的遗憾。

什么叫无命去死？

孔子在《论语》中概括人生的命运时，讲了四个字，“时也，命也”。人的一生，就是时机和命运。时机就是客观的机缘，就是生存在其中的这个世界，为人生的成就或者遭遇提供的外在环境和客观条件。命，就是命数，但却不是指客观的宿命，而是指人的生命自身本有的限制。人有突破不了的生命限制，比如人不能长出翅膀飞上天空；再如百年是人生寿数的限制，甚至一个人的思想能力都有内在固定的极限，这些都是人生所无法超越的。假设有这样一个人，他每天都站在街上等着有人发生危难，以便上前解救。但是事实上可能没有人在街头受难，所以他的良好愿望就会落空。这就是客观上没有机缘。而当一个人面对像船山这样一位伟大的智者，他却不能使自己在思想上获得进步，这就是主观的内在限制。这就是命——他缺乏思想进步的能力和可能性潜质。

“无命去死”，就是没有为此而死的客观机缘和正当理由。

刘越石有机缘为西晋去死，王船山却没有机缘为南明去死。上天不使船山有理由为南明去死，他自己也没有办法。虽然船山后来一直以自己不能为南明去死而遗憾，还对好友蒙正发不断地表示，那么多友人都死了，只有我们两个还活在这个世间。他甚至为此感到由衷地遗憾。但是我却认为，那只是他个人的遗憾，不是上天的遗憾，更不是历史的遗憾！因为如果船山没有留下遗憾，我们的民族就会失去一位超绝尘寰的伟大思想家！

可能有人会说，为南明去死还不容易，找根绳子上吊或者投河自尽不就完了。事情绝没有这么简单。儒者生于世间，身体发肤受之父母，轻易毁弃生命，就是对祖先的不敬，也是对天地的不敬。儒者之死，是要有理由的，要有光明正大的理由！孔子说："名不正，则言不顺。"如果没有充足的理由，就轻易放弃自己的生命，就是对生命的不敬，也是对祖先的不敬，甚至是对历史文化的不敬。

船山没有像瞿式耜那样有守土的责任，也没有像何腾蛟那样被清军抓获，然后不屈不挠，英勇就义。他没有这样的理由，没有得到这样的理由，也没有得到这样的机缘。孔子说"死生有命"，王船山没有得到为南明去死的命运，如果他非要死不可，那是完全可能的，但却是没有足够价值的。没有价值的死和没有价值的生，都是为真正的儒者所鄙弃的。

因此，断不可以就船山自己的话语，认定刘越石就是船山现实人生的最高目标。

四、希张横渠之正学

其实“希张横渠之正学而力不能企”，也只能理解为船山借助这句话，表达自己对中国传统的交待，而不能单纯地理解为对张横渠一个人的交待。虽然张横渠是北宋大儒，理论很正大，但是船山依然没有必要，也不应当只对张横渠一个人做出交待。他只是借助张横渠，表达自己对祖国历史文化传统的交待。张横渠只是船山先生企慕的一个典范，并不能构成他全部的人生目标或思想目标。

统观船山众多的相关著述，如《尚书引义》、《读四书大全说》、《思问录》内外篇、《俟解》甚至包括《张子正蒙注》，都不仅仅是追随张横渠一个人。

内心充满怀疑和批判精神的王船山先生，虽然在他的著述中遍斥古今，但对南宋的朱熹却颇怀好感，取用不少。对明朝的陈白沙也绝少微词。尤其对南宋的胡五峰，不断借用他的“天理人欲，同行而异情”的说法，来表达自己的人性论主张，并且称赞说：“五峰曰：‘天理人欲，同行异情。’韪哉！能合颜孟之学而一原者，其斯言也夫！”这里的“韪”，是赞同词，也是赞美词，就是说得对，就是说得好，就是伟大的话语的意思。在船山的著述中，我们绝少看见对古代思想家有如此的赞誉。

所以，张横渠也只是船山企慕的一个典范，并不是全部的目标。船山倾力吸纳全部思想史中的营养，由此造就了自己的博大精深和超凡脱俗。船山将中国的文化传统，重新放在更高远、更阔大的层面来看待，创造出了难以比拟的辉煌成就，做出了前古未有的、极其重大的思想贡献。

在中国思想史上，船山与朱子前呼后应，两人同样博学，遍注经史子集，著述宏富，堪称古代思想、学术双峰。但是由于人生遭遇的不同，船山对历史文化传统，似比朱子用情更深挚、更激荡；而由于国破家亡的经历和拯救行动的重重阻隔，使王船山对中国的世道人心看得更透，所以他的思想的批判性更加明显，他对历史上的思想的怀疑精神更彻底，思想也更深刻。而怀疑和批判精神，正是作为一个思想家最重要的条件，思想家就是通过怀疑和批判，来表达自己对历史和现实的责任的。所以我说船山比朱子的思想更深刻，视野更广阔，用心更精微、更至到。虽然读起来很艰涩，但却着实更感人，更有警策作用，更有振聋发聩的效果！这才是“六经责我开生面”的真正含义和宗旨。张横渠，只是船山在六经的督责下，开创中国文化崭新生面的一个向导和引路人而已。

由此看来，“抱刘越石之孤忠而命无从致”，只是表达船山复兴祖国的愿望和船山不能为南明去死的遗憾。船山只是借此来说明自己生前所做的现实拯救的努力。刘越石够不上船山准确无误的人生风向标，距离船山的热诚、意志和信念差得还很遥远。

“希张横渠之正学而力不能企”，也只是表明，船山认定张横渠所走的路数是方正的，而不能表明张横渠的含量和分量比船山更阔大、更深远。张横渠没有办法涵容船山，也根本涵容不下船山。

五、船山是一所大学

康熙三十年（1691）冬末，天气异常清冷，肆虐了数日的暴风雪，把衡山上的松树压垮了许多，天地间一片惨白。船山望着窗外的大雪，预感到自己的生命即将走到尽头，于是颤抖着拿起有些冻僵的沉重墨笔，留下了在人世间最后一段文字：

荒郊三径绝，亡国一孤臣。
霜雪留双鬓，飘零忆五湖。
差足酬清夜，人间一字无。

身后留下千余万字的著述，怎么反倒说是“人间一字无”呢？

这首绝笔诗，表达了船山先生谦虚的态度，以为自己的著述，适合酬谢每一个不眠的清冷之夜，未必能在人间留下什么痕迹。但就在这种谦虚的背后，同时也透漏了船山先生绝对的自信和无可奈何的慨叹！船山虽然已经超越了前贤，站在了更高的高度上，开创了中国文化崭新的历史生面。但在他的有生之年，在他生存的这个现实的世界上，没有人真正理解他，世间无人理会他的精神，无人接续他的生命。船山有《俟解》一书，之所以叫这样一个名字，就是因为在他所生存的世界上，没有人真正理解他。所以，只能留待后世君子，来理解他的良苦而又深远的用心，继续他的伟岸而又崇高的事业。

船山还在《噩梦》的《叙》中悲凉地说：“吾老矣，惟此心之在天壤间，谁为授此者？”这正是“老夫无藉处，问今古更有几人知”的感慨与悲凉的另外一种说法。谁能了解船山这颗沥血的心灵，谁可以接续他的精神火炬，把这个崇高伟大的理想，不断地传递下去呢？为了点亮中国文化的理想之火，为了接续先贤的精神生命，船山把自己的生命彻底烧成灰烬了！

康熙三十一年正月初二日，也就是1692年正月初二日，这一天，云暗天低，浓浓的重雾，百米之内，看不清事物。虽然已是正月，但是天气依然像严冬一样寒冷难耐。纷飞的大雪，向祖国传达了一个最为不幸的消息，这个消息很快就回荡在金兰乡上空，家乡的人们很快就都知道了：一个叫船山的智慧老人，从这个世界上走掉了！

这位人类历史上超重量级的思想巨星，这位中国历史上绝代旷世的大贤鸿儒，就这样，带着他和人民的苦难，带着他和时代的仇怨，带着他对明朝拯救的愿望和对祖国重见天光的企盼，离开了这个使他充满眷恋和遗憾，充满怨愤而又满含希望的世界！

船山一生著述宏富，仅现在我们能够看到的，除了对《四书五经》的重新发扬和他重要的历史哲学著作《读通鉴论》和《宋论》等，还包括老、庄、佛教、道教、古代诗词、古代文字，甚至民间戏剧等方面的著作。内容涉及文学、历史、哲学、艺术、宗教、民俗等各个方面，不下千余万字。这还不包括大量的彻底遗失和毁弃，以及到现在还没有被发现仍然流传在民间的文字。

清风有意难留我，明月无心自照人。

船山走了，放下他那凄怆孤傲而又瑰伟壮丽的生命走了。但是他为这个世界留下了闪电和火焰般的思想。舍弃了此生，却赢得了永生！

俄罗斯的诗神普希金在评价俄国科学的奠基人和文学家罗蒙诺索夫的时候说："罗蒙诺索夫本人，就是俄罗斯的第一所大学。”我以为，王船山先生本人，也是中国的一所真正的大学，一所当之无愧的历史知识和文化思想的大学，一所底蕴异常深厚，内涵无限广大的人文大学。走进这所大学，你的知识就会不断增加，你的素质就会不断提高，你的思想能力也会大大地增长。因此，进过这所大学，受过这所大学的熏陶和浸泡，你就有资格说自己是一个自觉的中国人了！

船山先生不仅思想精湛，单是他那悲苦无比却坚忍不拔的人生过程，就是一曲感天动地的悲怆乐章，就是一部激昂慷慨的宏伟史诗！

船山，是我们祖国的永远不会冷却的激情，也是我们祖国永远不会褪色的光荣！他不仅是我们湖南的骄傲，更是中国历史的骄傲，而且也是人类历史的骄傲！他必将与中国文化永远同在，他的思想定会不断地启迪一代又一代的中国人，奋发向上，不甘沉沦，为中华民族的伟大复兴和人类的和平与幸福而努力奋斗。

船山精神定会千秋万代，永垂不朽！

第二十章　“六经责我开生面”与“传统文化创造转化”

数年前，衡阳一位喜爱船山的朋友，曾在电话里问询我：能否用一句简单话语概括王船山的独到特点？就像用“致良知”来概括王阳明一样，只要一提这句简单话语，大家就可以直接联想到王阳明。

对于这个问题，我当时并未给出答案，但此后一直在思考这个问题。用一句简单话语来概括王船山一生的努力和他思想的总体特征，不仅是必要的，也是可能的。历史上的一些思想家，确实可以用一句简单的话语，将他们一生的努力和主要思想特色简洁生动地大致表现出来。如用“疾虚妄”展现东汉王充的鲜明特征，用“格物穷理”展现南宋朱熹，用“血气心知”展现清初戴震，都是约略适宜，也是相对简单明了的。王船山的学术虽然涉及广泛，思想内容也丰富多面，但也不是不能用一句简单话来约略概括。

1674 年秋，为了躲避吴三桂叛乱，船山在今天衡阳县金兰乡一处废弃旧民房的基址上简单构建新居。这所位于湘江西畔的茅屋，后来被称作“湘西草堂”。船山曾在湘西草堂里自书一联勉励自己：“六经责我开生面，七尺从天乞活埋。”就在这所草堂里，王船山完成了享誉后世的《读通鉴论》和《宋论》等著作后，终止了自己的人生之旅，逝后被安葬于不远处的石船山下。

“六经责我开生面”，其实就是船山为自己的思想目标和努力方向所作的简单概括，他一生主要和重要的思想成就，也都可以囊括在这句简单的话语里。他把毕生心血和主要精力，全都用在了践行“六经责我开生面”这句简单话语上面，尤其在南明永历王朝灰飞烟灭，他自己的现世拯救行动因而宣告终结以后。因此，我们确实可以用他的这句简单话语来概括他的思想成就，表现他的主要特征。

被后世认定、制定并推行、传布的六经，指的是诗经、书经、礼经、乐经、易经、春秋经。六经虽是儒家最初的权威经典，但“六经”字样的出现，最早却在《庄子》一书中。《天下》篇说，六经的主旨和功用是有明确“分工”的：“《诗》以道志，《书》以道事，《礼》以道行，《乐》以道和，《易》以道阴阳，《春秋》以道名分。”

按照这种说法，“诗经”表达的是理想；“书经”记录的是（先王的）事迹；“礼经”是用来规范行为的；“乐经”是用来导引内心和畅的；“易经”用来展现阴阳之间的交互作用；“春秋经”是用来确定地位名分的。这些内容，显然主要都在为“治”服务，这是传统儒家奋斗的主要目标。尽管“道阴阳”的《易》似乎有些“出离”人世，但实际上仍不过是为“人世”的事务以及吉凶祸福找寻上天或者自然的根据，同样是为“人世”的治理服务的。这些早期儒家经典的指向目标，总体上都是不离“人世治理”的。

宋以后尤其是南宋以后的儒家，盛称儒学是“体”“用”完备、贯通天人的“圣学”，“体”是内在的，属理想层面，称作“内圣”；“用”是外在的，属功效层面，称作外王。通过“内圣”与“外王”的协同合作，实现对政治国家和血缘族群的治理，这就是传统儒家的总体目标，宋以后的儒者，在这一点上更加自觉。内圣，需要经由道德修养工夫来完成；外王，则需通过经世致用的事功来体现。

内圣外王，在孔子时代尚处浑沦一体的状态，只是两者并行，并没有严格的先后、轻重之分。孔子并未明确指认所谓“内圣工夫”，只是强调道德的修养，并未指出严格的修养工夫进展次第，也没有给出具体而又系统的方法和策略。这种情况到了《孟子》和《中庸》才有重大改观，《中庸》虽传为子思所作，但其真正成书实应在《孟子》之后。真正将儒家的“内圣”发展成精确化、系统化、专门化、哲学化的一套理论和方法，实则是宋以后的事情。

北宋晚期以后的儒家，大致都已将内圣之学当成外王之业的指导思想，同时也将外王之业看成内圣之学在客观上的落实。认定“外王”必须从“内圣”出发，外王的目的，似乎也只在成就内圣。内圣，既是外王的根据和出发点，也是外王事业成功的标志和终结点；外王，是内圣的展现与外显，也是内圣的落实与实践。宋明时代的新儒家，心态大抵如此。当代的新儒家，对于这一点的宣说似乎更加卖力，声响似乎也并不弱于宋明。

儒家学者们，将内圣与外王看成是儒家全部学问的两面，将内圣的成就和外王的实现当成了儒家全部的心血和生命。内圣和外王，虽是一体两面，但却分别各有一套学问系统。在传统儒家的阵营里，尽管对经世致用这类“外王事功”的强调不绝如缕，可是总体看来，北宋晚期以后，大致已被主张“内圣”即强调“心性之学”重要性的一系所压倒。

到底是“内圣”要为“外王”服务，还是“外王”必须以实现“内圣”的理想为目的，事实上已成为王安石变法失败后儒者们争论的焦点。

渐渐占据舆论优势、掌握了主要话语权的“心性一系”儒家学者们，虽然也都并不完全轻视外在的事功，但却都坚持认定，只有能够展现“内圣”精神的外王事功，才是儒家的，才是正当的，才是合理、合法的。内圣，是外王的价值目标和行动准则，外王的意义，在于并且似乎仅在于实现内圣的理想。如果外王不能按照内圣指引的方向展开行政，那么它就将失去合理性，失去合法性的依据。重视心性的儒者们，一致强烈认定，外王是从内圣里流出来的，不从内圣里流淌出来的外王事功，一定不会是纯洁的，从而也就不是正大的。

为了推行内圣的理想，面对现实君王的“不德”或者私欲过盛，一些勇敢的儒者如胡宏、朱熹等，虽曾大胆地提出“格君心之非”的主张，但他们并未在思想深处清醒明确地认识到，内圣与外王，无论在现实中还是在理论上，都天然地存在着严重的紧张与不谐。因而轻易认定，内圣的理想一定能在外王的事业中得到落实，内圣也一定能成功转化为外王的事业。他们真心以为，内圣和外王原本就是合一的，同时也是能在事实上达成统一的。

可是，历史却以无情的事实告诉人们，两者极难相合，内圣与外王，既未合一过，也是无法合一的。所以朱熹才说，在他之前的“千五百年”间，“尧舜周孔之道”“不曾一日得行于天地之间”。即使在他身处的时代，其实也一样，要不然他就不会被污蔑为伪学党魁，遭到禁锢和打压了。在他之后的情形，不仅未见改善，而且每况愈下。

由于儒家并没有可以任由自己使用的权力，只能借助世俗君王实现自己的目标，所以在落实理想的过程中，不得不首先迎合和满足外在王权统治的要求，在世俗王权强大威势的高压下，儒家“外王”的事业实际成了献给外在王权的祭品。儒家“外王”的目标，本是借助“开物成务”的事功造福生民，却在历史的进程中渐渐发生奇妙的转变，成了为“外在的君王”效力的谋策、设计、措施和方法了。

所以，不只“内圣”在世俗王权的挤压下不断微缩自己的景观，就像深圳市的旅游景观“世界之窗”一样，变成思想实验室里的展品。“外王”也同样在根本上被悬置，并未真正得到展现。内圣与外王的关系，也因此从理想与实践的关系，奇妙地转变成了“内在的圣贤”——儒家学者，与“外在的君王”之间的关系。

儒者们希望借助君王的权力实现自己的理想，孔子的“如有用我者，吾其为东周乎”已是再明确不过的自白。君王们不仅不会轻易满足儒者们需求，他们还想利用儒者帮助自己巩固和加强统治。儒者们欲使现实政治伦理化，世俗君王却强烈要求并不断胁迫儒者们，接受并帮助自己的统治，他们想要达成的，是使伦理政治化的目的。

作为“内圣”的儒家理想主义目标，与作为世俗统治者“外王”们的现实主义要求，就这两者的关系来看，事实的表现，即后者，与理想的设定，即前者，一直存在严重的冲突。理论上设想的合一，更多的时候，只能表现为儒者们的心愿。

而在事实上，外王——外在的君王，一直都在利用甚至盗用内圣，不断诱引内圣，不断挟制内圣，使它不断向自己靠拢，让它屈从于自己；而内圣，却从来没能获得必要的和足够的力量，用来抑制外王对自己的偏离和侵害。外王的权势在事实上不断膨胀，内圣的伸展空间却在不断地缩小。

将崇高的理想放在嘴上说或者写在文章里并不难，把“内圣”和“外王”两个美妙词语捏合起来，实在是件轻而易举的事。

但内圣和外王，实际上并不是两个自动就能相安、相扶的父子，也不是一对天作之合的随顺夫妇。外王不可能甘愿充当内圣手里的风筝，任由内圣牵拉、摆布。内圣也不会容忍外王对自己的绝对偏离，就算不断遭受挤压，也终究不会在根本上屈从现实的权势，彻底屈从了，便不再成为理想。要想使内圣和外王的关系真正向和谐的方向转化，需要一个中间环节，缺少这个中间环节，两者是不能直接走向和谐，达成“合一”的。

这个中间环节，就是制度，而且只能是制度，包括法律制度、行政制度以及监督法律和行政运行的制度。制度建设的意义之最重要的一点，在其能协调或者平衡理想和现实的关系，成为连接理想和现实的纽带。可惜传统时代的儒者们基本没有真正意识到这一点，即便个别儒者对此稍有感触，也因缺乏必要的条件和可能，从而放弃继续向前思考，转身又退回到对明君圣主和清官廉吏道德人格的期望与企盼上去。

王船山对在理想中将内圣和外王两个美妙词语捏合在一起，似乎充满了绝对的信心，但实际上他的信心里同样充满了绝对的失望，否则他就不会实施对传统的倾力批判，无论对于历史上的思想家、学者还是军政人物，包括各个时代的行政方略，王船山都表达了强烈的不满，发抒为浓烈的情绪，实施了猛烈的批判。这一点在他的所有著作中都有毫不隐讳的表达。历史上的各类人物，没有遭到他口诛笔伐的，实在不多，阅读《船山全书》便能轻而易举地察觉到这一点。

船山对于传统的反省与批判，也是从内圣和外王两个方面分别入手的。

从内圣方面，为了坚持内圣的神圣性和唯一性，他将老庄和佛教当成了绝对敌对的目标；为了坚持内圣的纯洁性和正确性，他将心学一系的儒家学者，尤其是王阳明（船山称他为王伯安），当成了扰乱圣学、玷污圣学的罪魁祸首，他要替儒家清理门户，将王守仁等驱逐出正统儒家的阵营。上述情形，在《读四书大全说》《尚书引义》《周易外传》《张子正蒙注》以及《思问录》《俟解》《搔首问》等著述中都有明确的表述。

从外王方面，船山对有违于“内圣”精神实质的军政人物同样毫不留情，批评他们或者不能用行动实现内圣的理想；或者指责他们的言行，只图眼前不顾长远，限于一时的利欲熏心；甚至严厉批判他们的行事，根本就是悖逆内圣的根本精神的。这些批判，主要表现在《读通鉴论》和《宋论》等相关著作中。

船山对历史上众多学者和军政人物，之所以那般失望，正是源于他对内圣外王合一理想的无限希望。希望太过高远，所以才不满于历史上曾经有过的几乎所有现实。

作为出色学者，船山看到了，内圣与外王合一这回事，在事实上从未得到实现。作为杰出思想家，船山似乎也不应该察觉不到，两者的合一，在学理上其实也并无直接实现的可能，假使真能实现，也必须具备充足的中间环节和必要条件。但他仍然那般苦苦坚持，就是因为他对这种崇高的理想抱有太深的信念。他为这种理想信念的实现，倾注了毕生的心血，熬干了自己的生命。

船山反省明朝的灭亡，进而溯及宋朝的灭亡、西晋的灭亡等，借以表达自己的深耻极痛，完全出于对现实拯救的心态。在对明朝现实拯救之梦彻底破灭之后，他才开始全面反省中国的历史文化传统。他在内心里异常坚信，是因为中国文化的内在肌理发生了严重的病变，所以才导致中国人自己建立的民族政权不断遭受覆灭的厄运。他希望通过反省传统，找出其中的病因；通过批判，清除传统中导致自我病变的病根；再通过思想的重建，使传统文化和政权机制包括社会风俗和世道人心，都能重新焕发出生机，绽放出活力，走出萎靡、颓堕，走向复活和重生。船山认为，中国文化在根源上是充满生机、活力的，这些生机和活力，主要就存在于最早的“六经”之中。如果能真正重新把握六经的真髓，就能释放出六经本有的精神活力，就能实现中国文化和中国本身的新生，所以他才不惜“七尺从天乞活埋”。这，才是他“六经责我开生面”的真实用意，也是他甘愿为此付出生命代价的真正原因。

船山的“六经责我开生面”，用今天流行的话语说，就是他要实现传统文化的创造性转化，而创造性转化的真正实现，是必须建立在对传统反省和批判基础之上的。没有反省就发现不了病状，不经批判，就不能清除病根，生病的肌体，是必须经由诊断、医治，而后才能康复的。对于这一点，船山有相当明确的自觉，同时代的黄宗羲和顾炎武也一样。他们都已充分意识到，传统中确实存在严重的问题，所以才纷起反省，寻找疗愈之方，谋求新生之路。但三人的反省和批判目标却有明显不同。亭林先生顾炎武的目标，主要对准行政运作的效果和风俗等，所以才有《天下郡国利病书》《日知录》等著述。梨洲先生黄宗羲针对的，主要是君主专制主义政治危害等相关问题，所以才留下了不朽的《明夷待访录》。船山先生王夫之的诊治目标，主要在民族历史和思想传统上，或集中或分散地表现在《读通鉴论》《读四书大全说》等传世名作里。

《庄子》的《天运》篇里，还记载了孔子和老子有关六经的如下一段对话：

> 孔子谓老聃曰："丘治《诗》《书》《礼》《乐》《易》《春秋》六经……老子曰：夫六经，先王之陈迹也，岂其所以迹哉！"

"陈迹"和"所以迹"是不同的，"所以迹"，是"迹"之所以为"迹"的背后动因与肌理。"先王的陈迹"，也就是典籍中记载的先王们的旧时行迹，并不是他们的鞋与足。鸿雁虽然曾经在泥泞的雪地上驻足，留下了爪指的印记，但那毕竟不是它的爪指本身，要想真正懂得鸿雁所以能任意起降，飞翔自如，需要体会鸿雁的用心，需要学会鸿雁的本领，需要把握鸿雁的精神。光是"视察"鸿雁留下的爪指痕迹，是不能真正当用的。只是模仿化石上鱼儿的姿态，是学不会游泳的。

就算站在儒家立场，不愿承认《庄子》书中这段老子教导孔子故事的真实性，但老子对于六经的这种说法，仍须客观诚恳面对，尤其应该引起足够的重视，诱发认真、严肃的思考。

从实质上讲，船山的“六经责我开生面”，其实就是今天流行的“对传统文化进行创造转化”，只是他想通过转化达成的目标，以及所借助和使用的资源，与今天的不同而已。就此而言，我在本章中声称船山是传统文化创造转化的明代先行者，其实是不算过分的。传统文化不仅必须创造转化，而且时时需要创造转化，没有创造转化，它就不会在不同的时代里都能保持必要的生机和活力。

船山先生“六经责我开生面”所蕴含的意义和价值，由此才能超越其生身所处的范限，在更加宽广的空间里和更加长远的时间上得到肯定与确认。

后　记

本书是在作者在《湖湘讲堂》栏目所作电视讲演的记录基础上修润而成的。2009 年冬，湖南教育电视台制片人柳理诚挚邀请本人出任湖湘讲堂王船山专题节目的主讲人。2010 年春节刚过，柳制片便邀约本人赶赴长沙开始录制，一共十六讲，分作十八集，节目标题为《天地大儒王船山》，实际上是本书作者与制片人柳理共同商定的。当年四、五月间，这档节目连续播放了近两个月。由于节目收视情况和社会反响不错，被岳麓书社马美著先生看中，约定在书社出版。于是昼夜加力，2011 年 5 月便以讲座标题为书名与读者见面了。由于读者们的厚爱，该著于 2017 年 7 月得以第二次出版，除了重新规整文字，添加了一章王船山对宋太祖的专论。2019 年，为纪念船山先生诞辰 400 周年，岳麓书社决定第三次出版此著，马总编再来督勉，文字又加修润，又添加了一章《不是所有的政权都有资格占据华夏江山》，并将《船山论宋太祖》一章改成《只因一个“惧”字就建成了文明昌盛的伟大王朝》，书名更改为《船山大传》。

就在前几日，责任编辑许静发来微信，说是该书又将第四次出版，受马总编辑委托，问询是否还想更动。于是加紧赶制，写成《“六经责我开生面”与“传统文化创造转化”》，作为第二十章，置于全书之末。该章是作者近五六年来的新思考，作者在思考中确认，船山先生用以指引自己、督勉自己，并给自己赋能鼓劲的“六经责我开生面”，实际上就是今天流行的对中国传统思想和传统文化的“创造性转化”。作者在这一章里，将船山的“六经责我开生面”与传统儒家的“内圣外王之学”联系起来思考，也应属于对传统进行创造转化的范围，并未简单重复前贤和自己旧日的理解。至于这种新的理解是否允当，是否存在缺陷，还需要读者朋友们在阅读中了解及审视。

由衷感激读者们的不吝赐读，由衷感谢岳麓书社一如既往地抬爱，没有这些，本书不可能在十多年间连续四次出版。

谨以感恩之心，写下上面的后记。

2024 年 12 月 9 日

图书在版编目(CIP)数据

天地大儒王船山/王立新著. —长沙:岳麓书社,2024.12
ISBN 978-7-5538-2017-0
Ⅰ.①天… Ⅱ.①王… Ⅲ.①王夫之(1619—1692)—人物研究
Ⅳ.①B249.25
中国国家版本馆 CIP 数据核字(2024)第 009949 号

TIANDI DARU WANG CHUANSHAN
天地大儒王船山
作　　者:王立新
出 版 人:崔　灿
出版统筹:马美著
责任编辑:许　静　薛文骏
责任校对:舒　舍
封面设计:罗志义

岳麓书社出版发行
地址:湖南省长沙市爱民路 47 号
直销电话:0731-88804152　0731-88885616
邮编:410006

版次:2024 年 12 月第 1 版
印次:2024 年 12 月第 1 次印刷
开本:640mm×960mm　1/16
印张:16.5
字数:200 千字
书号:ISBN 978-7-5538-2017-0
定价:56.00 元

承印:长沙超峰印刷有限公司

如有印装质量问题,请与本社印务部联系
电话:0731-88884129